民族之魂

严于律己

陈志宏◎编著

延边大学出版社

图书在版编目（CIP）数据

严于律己 / 陈志宏编著 . ﹣﹣ 延吉：延边大学出版社，2018.4（2023.3 重印）

（民族之魂 / 姜永凯主编）

ISBN 978-7-5688-4522-9

Ⅰ . ①严… Ⅱ . ①陈… Ⅲ . ①品德教育﹣中国﹣青少年读物 Ⅳ . ① D432.62

中国版本图书馆 CIP 数据核字（2018）第 069097 号

严于律己

编　　著：陈志宏

丛书主编：姜永凯

责任编辑：孙淑芹

封面设计：映像视觉

出版发行：延边大学出版社

社　　址：吉林省延吉市公园路 977 号　　邮编：133002

网　　址：http://www.ydcbs.com　　E-mail：ydcbs@ydcbs.com

电　　话：0433-2732435　　传真：0433-2732434

发行部电话：0433-2732442　　传真：0433-2733056

印　　刷：三河市同力彩印有限公司

开　　本：640×920 毫米　　1/16

印　　张：8　　字数：90 千字

版　　次：2018 年 4 月第 1 版

印　　次：2023 年 3 月第 3 次印刷

ISBN 978-7-5688-4522-9

定价：38.00 元

人有灵魂，国有国魂；一个民族，也有民族魂。

鲁迅先生曾经说过："唯有民魂是值得宝贵的，唯有他发扬起来，中国才有真进步。"

鲁迅先生以笔代戈，战斗一生，曾被誉为"民族魂"。

民族魂，顾名思义，就是一个民族的灵魂！民族魂，是一个民族的精髓，体现了一种民族的精神，是一个民族生存和存在的精神支柱。

什么是中华民族的民族魂？那就是中华民族精神！它是中华民族凝聚力的理念核心，是中华文明传承的基因。它包含热烈而坚定的爱国情感，对生活的美好愿望和追求，为目标努力奋斗的拼搏毅力，为正义事业不惜牺牲自己的精神，以及正确的人生观和价值观。

前 言

翻开浩瀚的中国历史长卷，我们可以看到数不胜数的，体现民族精神和民族魂的英雄人物和可歌可泣的感人故事。

民族魂，不仅体现在爱国主义精神和行动中，而且体现在各个领域自强不息的民族奋斗中。而中华民族精神的力量，更是深深植根于延绵几千年的传统文化之中，始终是维系中华各族人民共同生活的纽带，是支撑中华民族生存和发展的精神支柱，是不断推动中华民族前进的强大动力。

民族魂体现在"重大义，轻生死"的生死观中；民族魂体现在"国家兴亡，匹夫有责"的使命感中；民族魂体现在"我以我血荐轩辕"的大无畏精神中；民族魂体现在将国家利益置于最高的爱国情怀中！

　　纵观中华五千年文明史，曾经有多少杰出的政治家、军事家、思想家、文学家、科学家、艺术家；曾经有多少忧国忧民、鞠躬尽瘁的仁人志士；曾经有多少抗击外敌、英勇献身的民族英雄。他们或顺应历史潮流，积极改革弊政，励精图治，治国安邦，施利于民；或为人类进步而不断进行着农业、工业、科技、社会等各种创新；或开发和改造河山，不断创造着灿烂的中华文明；或英勇反击外来侵略，捍卫着国家主权和民族尊严；或坚决反对民族分裂，维护国家的统一……他们从不同的侧面，体现了中华民族的民族魂，谱写了几千年中华文明的壮丽诗篇，铸造了中华民族高尚而坚不可摧的"民族之魂"。

　　民族魂，就是爱国魂。从屈原在汨罗江边高唱的《离骚》，到文天祥大义凛然赴死前的"人生自古谁无死，留取丹心照汗青"的诗句；从岳飞的岳家军抗击入侵金兵，到郑成功收复台湾；从血雨腥风的鸦片战争，到硝烟弥漫的十四年抗战，再到抗美援朝的隆隆炮声……哪个为国捐躯的英雄不是可歌可泣的？

　　民族魂，就是奋斗魂。从勾践卧薪尝胆，到司马迁秉笔直书巨著《史记》；从鉴真东渡传播佛法终在第六次成功，到詹天佑自力更生建铁路；从袁隆平百次实验成为"水稻之父"，到屠呦呦的青蒿素获得诺贝尔奖……哪个不是历经艰难，最终取得成功？

　　民族魂，就是改革献身魂。从管仲改革到商鞅变法；从王安石变法到百日维新……哪次变法图强不是要冲破

民族之魂

旧势力的阻挠，或流血牺牲？

民族魂，就是创新魂。古有毕昇发明活字印刷，今有王选计算机照排；古有指南针、造纸术、火药、浑天仪、地动仪的发明，今有神舟号的相继飞天……哪个不是中华民族的智慧结晶？

自古以来，多少仁人志士为了维护人格的尊严和民族气节，以生命为代价！留下了"玉可碎不可污其白，竹可断不可毁其节"的称颂；有多少英雄豪杰，为理想和事业奋斗，面对死亡的威胁，大义凛然；有多少爱国壮士面对侵犯祖国的列强，挺身而出而献出生命。

伟大的中华民族孕育了五千年的辉煌，五千年的历史留下了璀璨的中华文明。

前言

中国人的血脉流淌着顽强不屈的精神！我们的先辈用血汗和生命铸就了不朽的中华民族魂！换得如今中华大地的一片祥和安宁，换得我们现在的幸福生活。如今，我们要实现习近平主席提出的中国梦，依然需要我们秉承祖辈留下的这种"民族魂"。

青少年是国家的希望，亦是民族的未来。因此，爱国主义教育和励志图强教育要从青少年开始。为了增强对青少年的民族精魂和志向教育，我们精心编写了本套丛书——《民族之魂》丛书。

本套丛书将我国有史以来体现民族精神和民族魂的典型事迹，以通俗易懂的语言故事形式展现出来，适合青少年的阅读水平和欣赏角度。书中提供的人物和事件等故事，涉及社会的各个方面，有利于青少年学习和理解，使读者能全方位地领悟中华民族精神。

为了帮助读者更好地理解和吸收故事的精神，编者在每篇故事后还给出了"心灵感悟"，旨在使故事更能贴近现实社会，让读者结合自身的需要学习领会，引发读者更深入的思考。

希望读者们可以从本套图书中获得教益，通过阅读，真正体会到中华民族之魂所在，同时能汲取其精华，不断提升自己各方面的素质和品格，为祖国新时代的建设和发展做出努力。

全套丛书分类编排，内容详尽，风格独具，是广大读者尤其是青少年爱国励志教育的优秀阅读材料。相信本套丛书一定可以成为青少年朋友的良师益友。

民族之魂

导言

　　"律己"是指人对自己严格要求，在言行上约束和规范自己，从"日三省身"到"事事谦虚谨慎"，从勇于改正过失到不断自我完善。"律己"是中华民族传统道德之一，历来被世人所推崇，被视为衡量人具有高尚道德修养的重要标志。

　　在我国历史上，许多具有高尚道德修养的仁人志士、名垂千古的民族英雄和杰出人物，以及那些在推动历史进步中起到积极作用的帝王将相，他们的言行中都做出过律己的表率，涌现过许多生动感人的事例，如曹操割发自罚、唐太宗下"罚己诏"、白居易作诗悔过、诸葛亮自请降职等。这些历史名人身上表现出来的"律己"行为，反映了自古以来人们对这一品德的崇尚。

　　在我国近、现代历史中，随着时代的发展，律己不仅依然是个人道德修养的体现，而且赋予了这一传统道德以新的含义，升华为指导一切进步团体、革命政党，以及各种社会活动中的行为准则，成为促进事业发展、人民团结的伟大精神力量。本书里讲述的"刘少奇不以权谋私""朱德从不居功自傲""刘亚楼严守纪律"等故事，都是近、现代历史上继承发扬中华民族传统美德的光辉典范。他们之中，不论是统率党政军的革命领袖，还是为革命、为人民建功立业的英雄；不论是平凡岗位上默默奉献的劳动模范，还是叱咤风云的将军，他们的故事表现出的那种不居功自傲、不贪图安逸、不要特权、克己奉公、谦恭礼让，甘为人民公仆的崇高精神和把革命事业看得高于一切、重于一切的责任心，以及善于团结一切可以团结的人之伟大胸怀，都是我们学习的榜样。

如何做到律己？首先，要在思想上树立远大理想，这是做到律己的行为动力。志存高远，才能善于严格要求自己，才能心胸坦荡、光明磊落，做到"先天下之忧而忧，后天下之乐而乐"。胸无大志、不思进取，难以做到严格律己。其次，要在言行上善于自控和严格约束自己，做到用纪律、制度、守则、公约和各种文明礼仪自觉要求和规范自己，对自己不放纵、不迁就。此外，还要经常"自省"，善于用正反面的人或事例给自己"照镜子"，做到经常自我检查、自我监督。自己有了缺点或过失，要勇于纠正。同时，还要听得进各种不同意见，甚至是反对意见。对别人要设身处地去想，对自己要反躬自问。总之，做一个律己的人，就要时时处处事事做到有益于进步、有益于他人、有益于团结。

在本书中，我们精心选编了一些体现"严于律己"精神的事例，希望读者通过阅读此书，更深刻地理解它的内涵意义，从中受到启迪。在自己的日常生活和学习工作中，能够以他们为楷模，不断地完善自我，继承和弘扬中华民族的传统美德。同时，要树立以人类的进步和发展为己任的远大理想，从小事做起，从身边做起，成为建设祖国的栋梁之材。

目录
CONTENTS

 第一篇

知过即改善做人

信陵君勇于改错

信陵君（？—前243），姬姓，魏氏，名无忌，战国时期魏国人，是魏昭王的儿子，魏安厘王同父异母的弟弟。信陵君是战国时期著名的政治家、军事家。魏安厘王时期官至魏国上将军，和赵国平原君赵胜、齐国孟尝君田文、楚国春申君黄歇合称为"战国四公子"。论排位，信陵君为四公子之首。

信陵君是战国时魏国魏安厘王的异母弟弟。他在当时和齐国的孟尝君、赵国的平原君、楚国的春申君，都是著名的贵族，被称为"战国四公子"。

公元前257年，秦国出兵围攻赵国京都邯郸。赵王向魏王请求支援，魏王派出大将晋鄙领兵十万前去救援。但是，魏王慑于秦军的气焰，当魏军行进到半途中，魏王命令晋鄙按兵不动，进行观望。见此，信陵君再三请求魏王下令进兵击秦，魏王不听。信陵君认为，魏、赵互为唇齿，唇亡齿寒，赵国灭亡必然会威胁到魏国。于是他设法说服了魏王的宠妃如姬，窃得了魏王调动军队的兵符。信陵君让勇士朱亥随从自己，带上兵符，假托魏王的命令，杀了大将晋鄙，夺得了兵权，击退了秦军，为赵国解了围。

事后，信陵君也知道得罪了魏王，所以赵国得救后，他就让其部将带领他的军队回魏国去了，他自己和门客留在了赵国。

赵孝成王十分感激信陵君假传命令夺取晋鄙的兵权而保全了赵国。私下里，赵王和平原君商议，要把五座城邑封赏给信陵君。信陵君得知此事，内心十分得意，显露出一副沾沾自喜、自以为有功的样子。见此，有位门客向信陵君进言说："事情有不能忘记的，也有不能不忘记的。人家对您有恩德，您就不应该忘记；您对人家有恩德，希望您忘了它。况且假传魏王命令，夺取晋鄙军队来救赵国，对于赵国来说，您是有功的，对于魏国来说您可算不上忠臣啊！公子您这样自傲地把救赵看作功劳，我私下以为您这样是很不应该的啊！"

信陵君听了门客的这一番话，当即责备自己，惭愧得无地自容。

一天，赵王吩咐人洒扫庭院，宴请信陵君。赵王亲自迎接，行主人的礼仪，请信陵君作为贵宾从西阶上殿。按古代升堂礼仪，西阶为上首。此时，信陵君侧着身子谦恭地推辞，跟随赵王自东阶而上。坐下后，信陵君连称自己有罪，因为辜负了魏国，对于赵国也没有功劳。

赵王陪信陵君喝酒一直到天近黄昏，嘴里始终不好意思说出奉献五城的话，因为信陵君太谦虚了。

后来，信陵君终于留在了赵国。赵王把鄗这个地方送给信陵君为汤沐邑，就是斋戒自洁的地方。魏国也重新把信陵君封邑上的赋税收入送归给信陵君。后人对信陵君这种闻过深思、自律谦虚的精神给予了很高的评价。

■故事感悟

闻过而改、居功不傲，是律己的最好说明。

信陵君窃符救赵

周赧王五十七年，即公元前258年，当时属战国末期，秦国吞并六国日亟，战争进行得频繁而激烈。公元前260年，在长平之战中，秦国大破赵军，坑杀赵降卒40万。秦国又乘胜进围赵国首都邯郸，企图一举灭赵，再进一步吞并韩、魏、楚、燕、齐等国，完成统一中国的计划。当时的形势十分紧张，特别是赵国首都被围甚急，诸侯都被秦国的兵威所慑，不敢援助。魏国是赵国的近邻，又是姻亲之国，所以赵国只得向魏国求援。就魏国来说，唇亡齿寒，救邻即自救，存赵就是存魏，赵亡魏也将随之灭亡。信陵君认清了这一点，才不惜冒险犯难，窃符救赵，抗击秦兵。最后终于挫败了敌人的图谋，保障了两国的安全。

礼贤下士

齐桓公礼贤下士的事颇多，在此仅举一二：《新序·杂事》载，齐桓公听说小臣稷是个贤士，渴望见他一面，与他交谈一番。一天，齐桓公连着三次去见他，小臣稷都托故不见，跟随桓公的人就说："主公，您贵为万乘之主，他是个布衣百姓，一天中您来了三次，既然未见他，也就算了吧。"齐桓公却颇有耐心地说："不能这样，贤士傲视爵禄富贵，才能轻视君主，如果其君主傲视霸主也就会轻视贤士。纵有贤士傲视爵禄，我哪里又敢傲视霸主呢？"这一天，齐桓公接连五次前去拜见，才得以见到小臣稷。

又据《管子·小问》载，一天，桓公与管仲在宫内商讨要征伐莒国的事，还没行动，已在外面传开。桓公气愤地对管仲说："我与仲父闭门谋划伐莒，没有行动就传闻于外，这是什么原因？"管仲曰："宫中必有圣人。"桓公寻思了一下，说："是的，白天雇来干事的人中，有一个拿拓杵舂米，眼睛向上看的，一定是他吧？"那人叫东郭邮，等他来到齐桓公跟前，桓公把他请到上位坐下，询问他说："你是说出我要伐莒的人吗？"东郭邮果敢地说："是的，是我。"桓公说："我密谋欲伐莒，而您却言伐莒，是何原因？"东郭邮回答："我听说过，君子善于谋划，而小人善于推测。这是我推测出来的。"桓公又问："你是如何推测出的？"东郭邮说："我听说君子有三种表情，悠悠欣喜是庆典的表情，忧郁清冷是服丧的表情，红光满面是打仗的表情。白天我看见君主在台上坐着红光满面，精神焕发，是打仗的表情；而君王唏吁长出气却没有声，看口型应是言莒国，君主举起手远指，也是指向莒国的方向。我私下认为小诸侯国中不服君主的只有莒国，因此，我断定你是在谋划伐莒。"桓公听言欣喜地说："好！你从细微的表情和动作上断定大事，了不起！我要同你共谋事。"不久，齐桓公就提拔了东郭邮，委以重任。

综上所述，齐桓公礼贤下士，选贤任能，才为其霸业蓄备了大量的有用人才。

吕岱虚怀若谷

吕岱（161—256），字定公，东汉海陵如皋人。他初为郡县小吏，汉末避乱南渡，投效孙权帐下，从此开始了他南征北讨、开疆拓土的戎马生涯，为吴国的安邦兴业立下了赫赫战功，后被孙权任命为庐陵太守。随着吴国对两广地区的开拓，吕岱任广州刺史；接着，他率军平定了九真（今越南清化、河静二省及义安省东部地区），派遣朱应和康泰出使南海诸国，"南宣国化"。朱应和康泰经历及传闻的有一百多个国家，大概就是今天越南的中部、柬埔寨和南洋群岛一带。史载"扶南、林邑……诸王各遣使奉贡"，从此开始了中国和南海诸国的正式往来。吕岱的这一举措，在我国历史上可与东汉时期班超遣使访问西亚各国一事相媲美。公元231—238年，他再次奉命征讨廖代叛乱，经过一年的作战，镇压了这场叛乱。这时他已是80岁的老人。张承把他比喻为周朝初年的周公旦。孙亮继位后，吕岱官至大司马。

吕岱是三国时吴国的大臣，他为官不骄，虚怀若谷。不管是谁，只要能指出他的过错，他都能虚心地接受。

当时有个名叫徐源的平民，经常指出吕岱的过失，吕岱非常感激他，并跟他交上了朋友。徐源家里生活十分贫寒，吕岱不时拿出钱来资助他。由于经常交往，吕岱发现徐源不仅为人坦荡，诚实正直，而且很有才华，于是推荐他做了官。

在吕岱的举荐下，徐源当上了侍御史。徐源做官以后，每当他发现吕岱的缺点，仍然跟从前一样直言不讳地当面批评，吕岱也照例每次都很虚心听取他的意见。对此，朝中不少官员大惑不解，大家都议论纷纷。

有的人说："这徐源也真不知好歹，吕大人推荐他做了官，他非但不报知遇之恩，反而恩将仇报，偏偏跟吕大人过不去！"

也有的人说："人家吕大人是大人不计小人过，宰相肚里能撑船，才不计较这些呢！"

吕岱听了这些议论，心里并不在意。他对众人说："徐源能当面指责我的错误，是为了我好啊！这正是他在报答我的知遇之恩。我之所以敬重他，其原因就在于此。"

徐源死后，吕岱十分痛心，他哭着一遍遍说道："您是我的良师益友，如今离我而去，日后谁来批评我的过错呢？……"

■故事感悟

吕岱这种虚怀若谷、闻过则喜的品格，赢得了人们的称赞和尊重。

■史海撷英

黄巾起义

公元184年（甲子年），张角相约信众在3月5日以"苍天已死，黄天当立，岁在甲子，天下大吉"为口号兴兵反汉。"苍天"是指东汉，"黄天"指的就是太平道，而且根据五德始终说的推测，汉为火德，火生土，而土为黄色，所以众信徒都头绑黄巾为记号，象征要取代腐败的东汉。张角一方面派人在政府机关门上写上"甲子"二字为记认，另一方面派马元义到荆州、扬州召集数万人到邺准备，又数次到洛阳勾结宦官封谞、徐奉，想要里应外合。

可是在起义的前一个月，一名叫作唐周的门徒告密，供出张角在京师的内应马元义，导致马元义被车裂，官兵大力逮杀信奉太平道信徒，株连千余人，并且下令冀州追捕张角。由于事出突然，张角被迫提前一个月在二月发难，史称黄巾起义或黄巾之乱，因为起义者头绑黄巾，所以被称为"黄巾"，张角自称"天公将军"，张宝、张梁分别为"地公将军""人公将军"，在北方冀州一带起事。他们烧毁官府、杀害吏士、四处劫略，一个月内，全国七州二十八郡都发生战事，黄巾军势如破竹、州郡失守、吏士逃亡，震动京都。

■文苑拾萃

张衡与候风地动仪

候风地动仪是汉代科学家张衡的又一传世杰作。在张衡所处的东汉时期，地震比较频繁。据《后汉书·五行志》记载，自和帝永元四年（92年）到安帝延光四年（125年）的30多年间，共发生了26次大的地震。地震区有时大到几十个郡，引起地裂山崩、江河泛滥、房屋倒塌，造成了巨大的损失。张衡对地震有不少亲身经历。为了掌握全国的地震动态，测定地震的方向，他经过长年研究，终于在阳嘉元年（132年）发明了候风地动仪——世界上第一架地震仪。在通信不发达的古代，地震后，对人们及时知道地震的发生和确定地震的大体位置有一定的作用。

徐达谦恭谨慎

徐达（1332—1385），明朝开国军事统帅，字天德，濠州钟离（今安徽凤阳县东北）人。徐达出身农家，少有大志。元至正十三年（1353年），徐达参加农民起义军郭子兴部，成为朱元璋的属下，从取滁州（今安徽）、和州（今和县）等地，智勇兼备，战功卓著，位于诸将之上。他足智多谋，治军有方，带兵时如同兄弟，常与士卒同甘苦，深得将士的敬仰；打仗时，他"出奇无穷，料敌制胜"。此外，他带的军队军纪严明，所到之处，从不惊扰百姓，深受百姓的拥护。

徐达与朱元璋原本是患难弟兄，属贫贱之交。后来，徐达又一直追随朱元璋南征北战，为朱元璋打天下屡建奇功，因此也深受朱元璋的信赖和倚重。但徐达在同僚之间，始终保持着谦恭谨慎、不居功自傲的本色。

在明王朝建立后的十几年里，每年春天徐达都受皇帝朱元璋之命出征，直到晚冬季节才被召回京城。回京之后，他都立即把将印上交给皇帝，年年如此，成为习惯。每次出征归来，朱元璋都让他休假并设宴和他一起畅饮，并以布衣兄弟相称。而徐达总是尊敬地称朱元璋为皇帝，从来都十分恭敬谨慎。

有一次，朱元璋非常郑重地对徐达说："徐兄功劳很大，至今还没有安适的居室，我愿意把我的旧宫送给你。"

徐达坚决推辞不受，并谦恭地说："官邸是皇帝的御所，我作为一朝之臣，岂敢进居？"

一天，朱元璋把徐达领至他的旧官邸，有意让徐达喝醉了酒，然后让侍从把徐达抬到正室去睡，并给他蒙上了被子。徐达醒来时，发现自己睡在皇帝的御床上，赶快爬了起来，跑到房外的台阶下面，俯身跪在地上高声称自己犯了死罪，不该睡在皇帝床上。他以此表示自己心目中是"君臣有别"的，并非因为与皇帝是布衣之交而胆大妄为。

朱元璋看到徐达处处谦恭谨慎，内心非常高兴，吩咐有关官员在旧邸前为徐达建造一座府宅，并在他的宅前立坊题写了"大功"二字。后来，徐达病逝，朱元璋停止了临朝听政，为他哀悼。

▊故事感悟

徐达虽为封建王朝时的忠良，有其历史的局限性，但他谦恭谨慎的品格一直为后人所传颂。

▊史海撷英

洪武之治

洪武之治是明太祖朱元璋统治时期所出现的盛世。明太祖统治期间，以"洪武"作为年号，且朱元璋雄才大略、励精图治，发展经济，提倡文教，使得天下大治，所以后世史学家称其为洪武之治。

朱元璋建立明朝之后，就着手改革吏治。他首先废除行中书省，设立承宣布政使司、都指挥使司和提刑按察使司，分别担负行中书省的职责，三者分立又互相牵制，防止了地方权力过重现象。

同时，朱元璋吸取元朝灭亡的教训，实行了一系列休养生息、发展农业和工商业生产的措施，使得明朝的经济得到迅速恢复和发展。到洪武二十六年（1393年），民户达1605万户，人口达6054万人，垦地面积达850万顷，成为明朝的鼎盛时期。

洪武八年（1375年），朱元璋诏令天下立社学，府、州、县每50家要设社学一所，用于招收8—15岁的民间儿童入学。儿童入学后先学习《三字经》《百家姓》《千字文》等，然后学习经、史、历、算等知识，同时必须兼读《御制大诰》、明朝律令，另外还要讲习社会之礼。但是，由于太祖本人文化水平不高，将许多自己所厌恶的语句（如"民贵君轻"）一一删去，致使明科举之八股文亦是呆板之至。整体而言，洪武年间文化教育虽不若唐宋之风，但相对于元末之文化衰退而言，朱元璋之功亦不可小觑。

为了彻底解决蒙元贵族的残余势力，洪武帝从明朝建立开始就不断北伐。洪武二年（1369年），明军追击北元残余势力，俘虏丞相脱火赤以下一万余人，北元皇帝逃到漠北几百里外。洪武三年（1370年），明军再次北伐，于沈欲口大破元军主力王保保，俘虏文济王以及国公阎思孝、虎林赤、察罕不花、韩扎儿等10万余人。洪武二十年（1387年），明军越过长城，轻骑雪夜奔驰，偷袭元军大寨，最后在蒙古捕鱼儿海大败元军，俘虏北元残余势力8万人。蒙古从此一蹶不振，分裂为鞑靼、瓦剌、兀良哈三大部。

■ 文苑拾萃

朱元璋建明朝

明朝（1368—1644年，一说亡于1683年），简称明，是中国古代史上最后一个由汉族建立的封建统一王朝。1368 年，明太祖朱元璋在应天称帝，国号"大明"。1644 年，李自成的大顺军攻占北京，明崇祯帝自缢，明朝灭亡。清军入关后，在南方一些明朝大臣拥立皇族建立几个小朝廷（史称"南明"），至 1662 年被清朝完全消灭。台湾郑氏政权继续沿用南明永历年号，直到 1683 年清朝平定台湾。明朝历经 16 帝，享国祚 276 年。南明历经四帝，历时 18 年。台湾郑氏政权历时 21 年。

贺龙给百姓道歉

贺龙（1896—1969），中华人民共和国元帅，中国无产阶级革命家、军事家，中国人民解放军的创建人和主要领导者之一。贺龙原名贺文常，字云卿，湖南桑植县人，有白族血统，1955年授予元帅军衔，是第一、二、三届国防委员会副主席，中国共产党第七届中央委员，第八届中央政治局委员。

贺龙早年曾参加孙中山领导的国民革命，1927年参加南昌起义，并加入中国共产党，后又回到湘鄂西地区，创建革命根据地。新中国成立后，贺龙先后担任西北军司令员、中央军委副主席、国务院副总理兼国家体委主任等职。

当年在湘鄂地区作战时，有一天，部队在一处平阳地休息。贺龙坐在草地上同干部、战士们聊天。警卫员把马拴在樟树下面，缰绳刚系好，那马一退，腿一滑，踏坏了地里的几株苞谷。警卫员十分难过，向贺龙报告说："贺总指挥，只怪我不小心，有几株苞谷苗给马踩坏了。"贺龙走过来，心疼地说："可惜，可惜！在这山界上，种几兜苞谷也是不容易呀！要照价赔偿。"

警卫员向周围望了一望，山高谷深，到哪去找主人呢？他说："我骑马到附近走一走，找到寨子，问问这块苞谷地是谁的。"

"嘀嘀嗒嗒！"集合号吹响了，队伍马上就要出发了。贺龙想了想，从口袋里掏出一块大洋，对警卫员说："弄块手帕，把大洋包着，捆在木棒上，插在这里。等我们打完仗后，回来再打听这家主人，当面道歉！小鬼，以后要注意啊！"

一切都做好后，队伍继续前进。

过了半个月，他们又回到了这个地方。贺龙一进寨子，就向农会干部打听那块苞谷的主人。真是巧极了，那主人是田大娘，就住在这个寨子里。田大娘50多岁，家境贫寒。那块离寨子一二十里远的地，是她去年开的一块生荒。贺龙了解清楚后，便向田大娘家走去。

到了田大娘家，还没进屋，贺龙就高喊起来："田大娘在家吗？"

"在呀。"田大娘出门一看，"哟，是贺总指挥。"原来在欢迎红军进寨的时候，贺龙给乡亲们讲了话，所以田大娘认得贺龙。田大娘见总指挥来到自己家，欢喜得不得了，倒水、递烟忙个不停。

贺龙坐下，微笑着说："大娘，今天我一来看望您老人家，二来是向您赔个不是！"

贺龙把马踩坏苞谷苗的事讲了一遍，然后诚恳地说："那时候，打仗任务急。今天没事，我特地向你道歉！"

这下，田大娘全明白了。她连忙从柜子里取出那块大洋，双手捧着，含着泪，望着贺龙道："贺老总，这钱，我不能收啊！红军是我们穷人的亲人，苞谷苗又不是故意踩坏的，马又没有知识，踩就踩了吧，不用赔！"

贺龙笑着解释道："您老人家一定要收下。红军有个老规矩，损坏老百姓的东西要赔偿，我是总指挥，要带这个头。"说完，告别了田大

娘，转身跨出门槛，大踏步地走了。

田大娘望着贺老总离去的身影，心情久久不能平静……

■故事感悟

作为军队的首领，贺龙赔礼致歉的行为值得我们当代人，尤其是青年朋友好好学习。

■史海撷英

陈庄战斗

1939年8月，冀中八路军第120师主力大部在贺龙等率领下向晋察冀边区腹部转移，于9月间到达河北省行唐、山西省灵丘集结。1939年9月，八路军第120师在河北省灵寿西北陈庄进行了一次歼灭战。9月25日，日军由灵寿向晋察冀边区腹地发起进攻，占领慈峪镇。27日上午，日军直奔陈庄，袭击晋察冀边区后方领导机关。第120师在陈庄东南设伏，并以第719团坚守白头山阵地，以另一部警戒灵寿、行唐增援之敌。28日拂晓，敌人烧毁了村里的房屋后，沿磁河南岸向东撤退。上午8时，敌先头部队进入预伏区，第120师发起阻击，将日军全部包围在高家庄、破门口、冯沟里3个村庄。下午7时，第120师发起总攻，将敌分割围歼，日军死伤众多。同日，灵寿、慈峪之敌1000余人沿磁河来援，被八路军阻击于白头山下，激战竟日，敌仍不得前进。29日清晨，被围于破门口、冯沟里的敌人已伤亡过半，遂向南突围，又被包围于鲁柏山高地。第120师以炮轰和步兵冲锋轮番向敌攻击。敌困守山头，陷入绝境。当夜，第120师发起全线总攻击，突破敌军阵地，将敌大部歼灭。南逃残敌又被全歼。陈庄战斗，经6天5夜激战，歼敌水原旅团长以下1280人，俘敌16人，缴获山炮3门、轻重机枪23挺、步枪500余支、战马50余匹。这次战斗的胜利，为巩固北岳地区，粉碎即将到来的日军大"扫荡"奠定了胜利的基础。

■文苑拾萃

湘鄂西革命根据地

湘鄂西革命根据地又称"湘鄂西苏区"，位于湖南、湖北两省西部边界地区。1928年初，贺龙、周逸群到达湘鄂西，领导土地革命，并先后开辟了湘鄂边和洪湖两个革命根据地。1930年，红二军团成立，湘鄂边和洪湖两个根据地连成一片，发展为湘鄂西革命根据地。不久，成立了中共湘鄂西特委和湘鄂西联县政府，红军和地方武装发展到3万余人。1932年秋，由于王明"左"倾机会主义的错误领导，红军未能粉碎国民党军第四次"围剿"，退出洪湖革命根据地。

郭沫若跪地给老师请罪

郭沫若（1892—1978），四川乐山人，中国现代杰出的作家、诗人、历史学家、剧作家、考古学家、古文字学家、社会活动家，著有诗集《女神》，历史剧《屈原》《虎符》《棠棣之花》等。

作为著名社会活动家的郭沫若，同鲁迅一样，始终站在新文化运动的最前列。学生时期就因开展学生运动被开除，为此还引出一段负荆请罪的故事。

1939年3月初，郭沫若乘坐飞机由重庆回故乡东山沙湾探亲。在县城，他打听到中学时期的老师帅平均还健在时，当晚便叫堂侄陪他前去探望。正当帅老师对郭沫若的来访感到惊愕时，郭沫若"扑通"一声跪倒在地，向老师请罪。

郭沫若的"负荆请罪"是有缘由的。帅平均老师留日归国后，曾担任过郭沫若的国文教员兼授东洋操。后来，郭沫若因参加学生运动被开除离校。帅老师是力主开除郭沫若的关键人物。因此，郭沫若对帅老师极为不满。他在《我的幼年》里，讥讽帅老师是一个只懂东洋操的冒牌留学生，这可惹恼了帅老师。从此，只要谁提到郭沫若这个大文豪，他便大动肝火，骂他是"叛逆"。郭沫若的大哥郭开文为此写信批评郭沫若不该以文毁人，何况这个人又是师长呢。后来，郭沫若也认识到自己言辞偏颇，便在再版的《革命春秋》中删去了讥讽老师的那段文字。他还决定，此次回故乡一定要向帅老师"负荆请罪"。

学生跪地请罪，感动得帅老师声泪俱下。于是，师生重归于好，畅谈了别后之情。

■故事感悟

战国时期，曾经有个廉颇负荆请罪的故事；在中国近代，又出现了郭沫若"负荆请罪"的佳话。廉颇、郭沫若严于律己、宽以待人的精神都值得我们学习。

■史海撷英

"一二·九"运动

1935年12月9日，北平（北京）大中学生数千人在中国共产党的领导下举行了抗日救国示威游行，反对华北自治，反抗日本帝国主义，掀起全国抗日救国新高潮，史称"一二·九"运动。这也是中国共产党领导的一次大规模学生爱国运动。

北平学生的爱国行动，得到了全国学生的回应和全国人民的支持，形成了全国人民抗日民主运动的新高潮，推动了抗日民族统一战线的建立。

"一二·九"运动公开揭露了日本帝国主义侵略中国、吞并华北的阴谋，打击了国民党政府的妥协投降政策，大大地促进了中国人民的觉醒。它配合了红军北上抗日，促进了国内和平和对日抗战，标志着中国人民抗日民主运动新高潮的到来。正如毛泽东所指出的，"一二·九"运动"是抗战动员的运动，是准备思想和干部的运动，是动员全民族的运动，有着重大的历史意义"。

第二篇
慎独自律品格高

正直清廉的胡氏父子

胡质（？—250），字文德，寿春（今安徽寿县）人，少与蒋济、朱绩知名江、淮间。蒋济为别驾，推荐胡质与曹操，召为顿丘令，魏文帝时官至东莞太守。胡质在东莞9年，政通人和，上下称颂；后迁荆州任刺史，政绩依然卓著。他一生为官清廉，不经营家产私业，家中没有多余财产。

胡质是三国时魏国的一位太守，他为人正直，执政清廉，虽先后任过县令和太守，但其家人一直过着很清贫的生活。

有一年，胡质升任荆州刺史，他的儿子胡威从京都来看望他。由于家境清贫，没有车马仆童，胡威只得独自赶着毛驴前来探望父亲。父子在荆州相聚了十余天后，儿子胡威要返回京都了。临别时，胡质拿出一匹细绢，送给儿子以作为归途中的盘缠。

胡威见到这匹细绢，竟然大吃一惊，忙向父亲跪下，不解地问道："父亲大人，您一向廉洁清白，不知是从哪儿得到这匹细绢？"

胡质深知儿子的心意，高兴而又坦然地笑着对儿子说："孩子有所不知，这不是赃物贿品，而是我从薪俸中节省下来的，所以用来给你做

路上的盘缠。”

胡威听父亲这么一说，才伸手接过细绢，告别了父亲。

胡威独自赶着毛驴踏上了归途。一路上，他每到客栈，都是自己放驴、劈柴煮饭，从不雇用别人。三天后，一位自称去往京都的人提出与胡威同行。此人谈笑风生，为人慷慨大方，自和胡威同行之后，百般殷勤地照料着胡威。他不仅处处帮着胡威筹划出主意，有时还请胡威吃喝。这样一连几天，胡威心中暗暗纳闷。心想，此人看来心眼儿并不坏，但他与我素不相识，为什么对我一见如故，又如此百般殷勤呢？

原来，此人是胡威父亲胡质属下的一个都督，早就有意巴结讨好胡质，但听说胡质为人正派清廉，最不喜欢溜须拍马之人，所以一直没找到合适的理由和时机。这次，他听说胡质的儿子要独自回京都，自认为是个大献殷勤的好机会，于是他探听得胡威起程的日子，就提前以请假回家为理由做好了准备，暗中带着衣食之物，在百里外的地方等着胡威，以便同他结伴而行。所以，他在与胡威同行后才有这一番表现。

胡威在多次与那人的谈心中，终于得知了真情。于是，胡威立即从自己的行包中取出父亲送给他的那匹细绢，递给这位都督，以此偿还他一路花销的费用和情意。都督自然是拒绝不收。胡威说：“我父亲的为人你应该是知道的。他执政廉洁，为人清白，从不接受别人馈赠，我做儿子的如果仗着他的权势占别人的便宜，就等于在这匹白绢上面泼上了污水，岂不大错特错了吗？”

那都督看到胡威态度如此坚决，心想：真是有其父，必有其子。只好十分尴尬地拿着那匹细绢和胡威道别了。

胡质父子为人正直清廉，及时检查检讨自己，补救了在不知情的状况下所犯的过失，并以布的洁白而自勉，值得后人尊敬。

睚眦之恨

三国时曹操手下的大将张辽，曾与护军武周产生了隔阂。后张辽通过刺史温恢欲与胡质交好，胡质以身体有病为由拒之。一次，张辽见到胡质，问："末将一心一意想同您交好，为何先生对我如此冷淡呢？"胡质说："古时候的人交朋友，取多知其不贪，奔北知其不怯，闻流言而不信，所以才能长久相交。武周身为雅士，以前将军称赞武周不绝于口，现在因为一点睚眦之恨，反生嫌隙；何况我胡质才识浅薄，怎么能保证友情常在呢？因此不敢与你交往。"张辽听了胡质的话，很有感触，于是主动和武周复交。

铜雀台

在史书里，在汉赋、唐诗、宋词里，铜雀台都只是一个令人浮想联翩的虚拟形象。真实的铜雀台，是在今邯郸市临漳县城西十七公里的古邺城遗址内的三台村西。这里原是三国时邺城的旧址，前临河洛，背倚漳水，虎视中原，凝聚着一派王霸之气。建安十五年（210年），曹操取得北征、东进等胜利之后，在此大兴土木，建成铜雀、金凤、玉龙三台。其中铜雀台最为壮观，台上楼宇连阁，飞阁重檐，雕梁画栋，气势恢宏。建成之日，曹操在台上大宴群臣，慷慨陈述自己匡复天下的决心和意志，又命武将比武，文官作文，以助酒兴。一时间，曹氏父子与文武百官觥筹交错，对酒高歌，大殿上鼓乐喧天，歌舞拂地，盛况空前。但如今，历经了千年风雨洗蚀，昔日的铜雀台已只剩下一堆残垣颓壁。千余平方米的黄土青砖台基，孤独地静卧在蓑草斜阳中，任凭游人叩问，也终是无言。

史载，铜雀台原高十丈，殿宇百余间。台成，曹操命其子曹丕登台作赋。曹操次子曹植，才思敏捷，援笔立就，也写下了《登台赋》一篇，操大异之，传为美谈。曹操用重金从匈奴赎回著名才女蔡文姬，在铜雀台上接见并宴请她，蔡文姬便在此演唱了著名的《胡笳十八拍》。铜雀台及其东侧的铜雀园，当时是邺下文人创作活动的乐园。铜雀台与建安文学有着不解之缘。曹操、曹丕、刘帧、陈琳、蔡文姬、邯郸淳等，经常聚集在铜雀台，用自己的笔直抒胸襟。他们慷慨任气，抒发渴望建功立业的雄心壮志；他们悯时悼乱，反映社会现实和人民群众的悲惨生活。他们在铜雀台上掀起了中国诗歌史上文人创作的一个高潮。由于当时正是汉献帝建安年代，故后世称为"建安文学"。

杜暹"埋金不受"

杜暹（？—740），濮州濮阳（今河南濮阳）人，曾任郑尉、大理平事、监察御史、给事中、黄门侍郎兼安西副大都护等职，在任安抚将士，不怕勤苦，清廉有节，颇得当地各族人民的欢迎。玄宗开元十四年（726年）杜暹拜相，任黄门侍郎同中书门下平章事，以廉洁著称；后因与宰相李元绂不和而被免相，左迁荆州长史；后又任魏州刺史、太原尹、礼部尚书等职，封魏县侯；开元十八年（730年）卒，谥号贞孝。

杜暹是唐朝时的监察御史。不论是在地方做官，还是在朝中任职，他都始终廉洁正直，一身正气。

杜暹担任监察御史一职，主要负责官员监察工作。一次，新疆西北安西地区的汉族官员与少数民族官员之间发生矛盾，于是朝廷派他前去调查。

杜暹日夜兼程，到达安西。他首先到少数民族官员那里了解情况。

少数民族的官员们按他们的民族礼节，设宴隆重地款待杜暹。席间，他们拿出很多金子作为见面礼赠给杜暹说："大人不辞辛苦，远道而来，为我们主持公道，特备薄礼敬上，以表我们的心意。"

杜暹连忙站起身来，推辞说："不可！本官是受朝廷之命，前来看望各位，并希望你们和汉族官员能重修前好，和睦相处，共同效命于国家。"

少数民族的官员们一片诚心执意送金，杜暹推辞再三，双方出现僵局。见此情景，随从人员悄悄走到杜暹面前说："大人您来到这样边远的地区，又担负着调解矛盾的责任，可不要冷落了他们。"杜暹不得已只好暂时收下了这些赠金。夜深了，当地的官员们都各自散去。这时，杜暹叫人悄悄地把这些金子埋在自己所住的帐幕下面。

公务完毕，杜暹离开当地。在返程途中，杜暹已写了一份公文，派人送给少数民族的官员，告之那些金子埋在了帐幕下，请他们取出收回。

杜暹"埋金不受"这件事，给当地的少数民族和汉族官员留下了深刻的印象。后来，他们中的许多人还奏请朝廷，请求能派杜暹到安西那里去任职。

故事感悟

杜暹尽管在特殊情况下收取了金银，但是秉性操守并没有改变，并于公务完毕之后将金银返还。这个故事告诉我们做事既需变通，又不要违背自己的原则。

史海撷英

长从宿卫

唐初年，兵制沿用隋朝的府兵制，兵农不分。至开元十一年（723年），府兵壮丁已逃亡殆尽。唐玄宗不得不下令停止府兵番上，并采纳了兵部尚书张说的意见，实行募兵制，用以解决京师的戍卫问题。十一月，唐玄宗命尚书左丞萧嵩与京兆（今陕西西安市）、蒲（治河东，今永济西南蒲州镇）、同（治冯翊，今陕西大荔）、岐（治雍县，今陕西凤翔）、华（治郑县，今陕西华县）等州长官，在当地招募和挑选府兵与白丁12万，谓之"长从宿卫"，一年分两番轮流戍卫京师。这是唐朝第一次用募兵制招兵，不久"长从宿卫"便改称"扩骑"，成为保卫京城的主要力量。

顾恺之烧债券严教子

顾恺之（348—409），字长康，小字虎头，晋陵无锡（今江苏无锡）人。顾恺之博学有才气，工诗赋、书法，尤善绘画。顾恺之精于画人像、佛像、禽兽、山水等，时人称之为三绝：画绝、文绝和痴绝。顾恺之与曹不兴、陆探微、张僧繇合称"六朝四大家"。顾恺之作画，意在传神，具有"迁想妙得""以形写神"等特点，以及提出的"六法"，为中国传统绘画的发展奠定了基础。

顾恺之是南北朝时宋国吴郡太守，他政治清简、风节严峻，素为人们所敬重。

一天，他的一位朋友来看望他，说："我有一言，不知当讲不当讲？"

顾恺之笑了笑，说："有话请讲，不必顾虑。"

那位朋友犹豫了一会儿，说："是关于你家公子的坏话。"

顾恺之严肃地说："那更应该讲。若隐瞒于我，那倒是害了我呀！"

那位朋友见顾恺之并无反感，而且诚心诚意。就说："你的儿子顾绰这些年来不择手段地敛了许多钱财，而且还在外放债，收取高利。如不加管束，怕是会愈演愈烈啊！"

顾恺之听了大吃一惊，连连向友人道谢说："谢谢你告知我此事，不然，我仍被蒙在鼓里，岂不害人害己啊！"

送走了友人，顾恺之叫来了儿子顾绰。

顾绰可能也有所预感，见了顾恺之，哆嗦着问："父亲唤我有何吩咐？"

顾恺之十分生气地问："听说，你有许多钱？"

顾绰只得点点头，答："是。"

"钱是怎么来的？"顾恺之接着问。

顾绰想了想，说："做生意赚了些钱，又将钱放债出去……"

顾恺之一跺脚，骂道："逆子！谁让你去谋财放债！你赶紧悬崖勒马，不然我饶不了你！"

顾绰连忙答应说："是，是，我一定遵照父亲的话办。"

此后，顾绰虽表面上收敛了一些，但实际上仍在放债，只是做得更隐蔽了。

俗话说，要想人不知，除非己莫为。顾绰年复一年，变本加厉，债放得越来越多，致使远近乡里许多人都欠了他的债。

顾绰继续在外放债的事最终还是传到了顾恺之的耳朵里。顾恺之想了想，一天，他把身边的侍从叫来叮嘱一番，设下了一计。

顾恺之坐在堂上，命侍从说："叫顾绰前来。"

顾绰听说父亲叫他，心想准没好事，不是教训，就是追查放债之事。顾绰硬着头皮来到父亲跟前，施礼后问道："父亲唤儿有何吩咐？"

顾恺之和颜悦色，指指旁边的椅子，说："我儿坐下。"

顾绰见父亲这样待他，一颗悬着的心落地了。坐下后，顾绰等着父亲再问。

顾恺之望了望儿子，脸上装出为难的样子，说："听说我儿有些债券，眼下为父有急用钱财之处，不知我儿可否给我用一些？"

顾绰一听，心里立刻高兴起来，忙对父亲说："父亲如要用钱，当然可以。"

顾恺之停了停，问："但不知我儿有多少债券？"

顾绰忙不迭地夸耀说："可不少呢！"

"很多？"顾恺之故作惊讶地再问。

"可不是嘛！"顾绰趾高气扬地说。

"为父可以看一看吗？"

"父亲不相信？"

"拿来我看，就信了。"

"好，您等我去取来。"

不一会儿，顾绰搬来一只箱子，放在大堂中央。

顾恺之不慌不忙地说："打开。"

"是。"

顾绰打开锁，掀开箱盖，箱子里果然装满了债券。

顾恺之走到箱子跟前，说："好，好，待为父看来。"他仔细看了看，没有假，便直起腰来，突然大声呼唤道："侍从过来！"

几个侍从跑了过来。

顾绰还没明白父亲什么意思，那几个侍从抬起箱子就走。

"你们干什么？"顾绰着急地问。

顾恺之制止儿子说："不要急，你稍等，就会知道他们干什么了。"

侍从将一箱子债券抬到院子中，点起了一堆火，然后"忽"地一下，将全部债券投入火中。

顾绰一看，哭着冲上去，大声喊道："不能烧，不能烧！"但已来不及了，"呼啦啦"的火苗很快烧光了那些沾满了无数人家血泪的债券。

顾恺之哈哈大笑，说："顾绰，不用哭。你已经陷得很深了，烧了这些债券，从此可以清清白白做人了。"转过身来，顾恺之又对侍从说："传言乡里，有借顾绰债的，一笔勾销，不用还了！"远近乡里那些借债的、没借债的，听到这个消息无不赞扬顾恺之严于律己、严于教子、清廉公正的品格。

做人既要严于律己，也要对身边的人严格要求，这是中华民族几千年来积淀的优秀道德传统。

顾氏祖孙

顾氏祖孙心迹清全，一身正气。他们厌恶官场中拉帮结伙、争权夺利的恶习及以权谋私、贪得无厌的赃官，从不与之合流。宋泰始元年（465年），社会动荡，四方同反，诸王图谋篡权。时任会稽郡太守的寻阳王刘子房为扩张势力，许以加封号"思惠"来拉拢宁朔将军顾恺之。顾恺之则以年近80"残生无几"为托词拒不受。齐永明六年（488年），西陵戌主杜元懿以"吴兴无秋，会稽丰登"为由，奏请齐武帝加倍增收会稽郡内几个要道卡口的赋税，并称每年可增收500万两。时兼行会稽郡事的顾宪之遵旨调查，向齐武帝"直陈管见"，认为杜元懿的主张是以增税之名行巧取豪夺、聚敛私财之实。因此，他极力主张不增赋税，"因循除弊，诚宜改张"。后齐武帝准奏，使杜元懿失去一次中饱私囊的机会，而顾宪之的一纸奏章，使他自己"以方直见委"之名声大振。

顾恺之绘画的特点

顾恺之的人物画，强调传神，注重点睛。他认为"传神写照，正在阿堵（指眼珠）中"。其笔迹紧劲连绵，如春蚕吐丝，又如春云浮空，流水行地，皆出自然，通称为高古游丝描。着色则以浓色微加点缀，不求藻饰。他善于用睿智的眼光来审察题材和人物性格，加以提炼，因而他的画具有一定的思想深度，耐人寻味。顾恺之是继东汉张衡、蔡邕等以来所有士大夫画家中成就最突出的画家。他总结了汉魏以来民间绘画和士大夫画的经验，把传统绘画向前推进了一大步。与他同时代的谢安对他的评价极高，认为"顾长康画，有苍生来所无"。对于顾恺之的画艺，谢赫在《画品》中仅置之于第三品，评价不高，因而引起稍后的姚最以至唐代李嗣真等人的不平，认为这是"曲高和寡"，任意抑扬，应将顾恺之与陆探微"同居上品"。唐代张怀瓘有一段评论说："像人之美，张（僧繇）得其肉，陆（探微）得其骨，顾（恺之）得其神，以顾为最。"这段评论对后世颇有影响，差不多已成为定论。

于谦廉洁自律

于谦（1398—1457），字廷益，号节庵，明代名臣，民族英雄。于谦官至少保，世称于少保，祖籍考城（今民权县），故里在今民权县程庄乡于庄村。于谦的曾祖于九思在元朝时离家到杭州做官，遂把家迁至钱塘太平里，故史载于谦为浙江钱塘人。于谦与岳飞、张煌言并称"西湖三杰"。

于谦，钱塘（今杭州）人，明朝杰出的政治家、军事家、民族英雄。

于谦自青年时代就抱定以天下为己任的宏愿。他为官30余年，先后任过山西道监察御史、兵部右侍郎兼河南、山西都御史、兵部左侍郎兼巡抚、兵部尚书等职。由于他特别注重做人与为官的节操，认定"名节重泰山，利欲轻鸿毛"，一生不改谦虚简朴的本色，人们赞扬他是：铮铮铁骨，一身正气；重节轻利，两袖清风。

明英宗朱祁镇即位时，太监王振把持朝政，勾结内外贪官污吏，擅作威福。那时，外地官员进京，必须馈送重金厚礼，不然，轻则办事困难，障碍重重；重则降职免官，甚至下狱遭殃。对此，于谦从不趋炎附势，从不随波逐流。他在外地做官时，每次进京从不带任何行贿之物，只带随身行装。

一次，一位好心的朋友劝他说："你不带金银入京，带点手帕、蘑菇之类的土特产品送一送也不妨嘛。"

于谦举起袖子，笑着说："谁说我没有带东西呀？你看，我这不是有两袖清风吗？"

为此，他还作了一首《入京》的诗："绢帕蘑菇与线香，本资民用反为殃。清风两袖朝天去，免得闾阎话短长。"

正统十四年（1449年），土木堡之战，明军大败，英宗被俘。为保卫北京，挽救明朝危亡，于谦功劳卓著，被誉为"救时宰相"。但于谦从来口不言功，行不倨傲。一些功不及于谦的人，得到的封赏却重于于谦，心中过意不去。于是，这些人就上书皇上，建议给于谦儿子加官升级，以示奖功赏绩。

一天，景帝召见于谦说："众臣为你请功，你以为如何？"

于谦恳切地面辞说："国家多事，做臣子的不应考虑自己的私利，请皇上不必多虑！"于谦一心为国，一生清廉，虽身居高位，却向来不置家产，连自家所住房屋也极为普通，常被人们认为是普通百姓之家。他59岁那年因遭诬陷后被害，朝廷派人抄家，才发现他家里没有一点私财。只有正室锁闭严实，打开一看，里面只放着景帝赐给他的蟒袍和剑器。

于谦的一生终如他年轻时所写的《石灰吟》七律诗一样："千锤百凿出深山，烈火焚烧若等闲。粉骨碎身浑不怕，要留清白在人间。"

□ 故事感悟

一生为国，终生为民；严于律己，清白于世。于谦是中国人千秋万代永远的楷模。

两袖清风

　　明朝正统年间，宦官王振以权谋私，每逢朝会，各地官僚为了讨好他，多献以珠宝白银，巡抚于谦每次进京奏事，总是不带任何礼品。他的同僚劝他说："你虽然不献金宝、攀求权贵，也应该带一些著名的土特产如线香、蘑菇、手帕等物，送点人情呀！"于谦笑着举起两袖风趣地说："带有清风！"以示对那些阿谀奉承之贪官的嘲弄。"两袖清风"的成语从此便流传下来。

《明史》

　　《明史》是二十四史最后一部，共332卷，包括本纪24卷，志75卷，列传220卷，表13卷。它是一部纪传体明代史，记载了自朱元璋洪武元年（1368年）至朱由检崇祯十七年（1644年）二百多年的历史。其卷数在二十四史中仅次于《宋史》，但其修纂时间之久、用力之勤却大大超过了以前诸史。修成之后，得到后代史家的好评，认为它超越了宋、辽、金、元诸史。

严本注重名教

严本（生卒年不详），字志道，江阴人，明朝大臣。严本少通群籍，习法律，以傅霖《刑统赋》辞约义博，注者非一，乃著《辑义》四卷。

明朝常州府江阴县的严本是当地很有名望的人。他幼小丧母，八岁到嘉定县姑姑家从师学习，后回江阴，读书种田奉养父亲。他与本地德高望重的乡贤结为忘年之交，把自己住的房子题名"君子斋"。永乐年间，严本曾经受到江阴县令的举荐，仁宗时被授予大理寺左寺正。严本为官清廉，生活简朴，注重名教。严本小时候喜好玩琵琶，受了父亲的教育就不再玩了；后来又特别爱喝酒，喝起酒来不顾一切，受了乡贤黄友古老先生的教育也有所改正。之后在读了程子关于制外安内的一些言论后，更使他顿然清醒，从不喝酒开始，进一步推及其他方面：淫荡的乐声不听，靡丽的图画不看，亲朋好友设的宴席如果有歌伎劝酒，他就坚决回避。凡是他参加宴请招待时，也只是按礼节应酬一下，从不大吃大喝。他不忘孔子关于对鬼神要敬而远之的训教，凡是有关鬼神迷信的事绝口不谈；看见别人家的妇女到寺观庙宇中去，总要对人指斥她们的非礼。有人劝他不要这样做，会得罪人遭埋怨的。由于他注重修养，在永乐年间被授予大理寺左寺正的官职。严本曾理直气壮地说："我是以名教为重的，还怕什么别人埋怨。"但对于一个执掌刑律的官员来说，自己不正，怎能正人呢？

■故事感悟

严本的做法似乎有点不近人情，他相信的是己不正，焉能正人。只有自己作风端正、行为规范，才能给身边的人起到带头作用，做出一个很好的表率。也正是由于他注重自己的个人修养，对自己这么严格的要求才使得他受到重用，成为一个有名望的人。

■史海撷英

忠义之邦

江阴被称为"忠义之邦"，源于明末抗清守城战，当年那可歌可泣、壮怀激烈的81天，江阴人以血染的风采光耀史册，忠烈之气与天地共存。战后，为了安抚江阴百姓，满清统治者采取了怀柔政策，尤其是那位乾隆皇帝，在乙酉守城战131年后，对抗清三公——阎应元、陈明遇、冯厚敦，分别赐谥"忠烈""烈愍""节愍"。而第一位赞誉江阴为"忠义之邦"的，则是清嘉庆年间的江苏学政姚文田。据《道光江阴县志》记载，这位学政大人"督学时念邑殉乙酉之义，特书忠义之邦四大字"。当时，主持君山梅花书院的诸生何春煦，将这四个字摹勒后，悬挂于书院仰止堂内。道光二十三年（1843年）江阴修城时，知县金咸请邑人张锡龄，将20多年前姚文田书写的"忠义之邦"四字临刻于石，每字两尺见方，嵌入南门城垣。进出南门的江阴人，看到这雄浑有力的四个字，无不平添几分自豪感。

《刑统赋》

宋代律学博士傅霖撰。全书2卷，《宋史·艺文志》殿本说是4卷。宋太祖建隆四年（963年）颁行《宋刑统》，傅霖以其不便阅读和记忆，于是将全部律文的要旨，用韵文体裁撰为律学读本，并自行作注，解说韵文含义。全赋共8韵，每韵少者数语，多者数十语，都用骈体文对仗写出。

本书对当时和后世影响较大，很多人为之作注。据统计，金元年间《刑统赋》的注本有90种之多。

现存世注本有三种，均收入沈家本辑刊的《枕碧楼丛书》中。

左宗棠带兵身先士卒

左宗棠（1812—1885），字季高，湖南湘阴人，号湘上农人，晚清重臣，军事家、政治家、著名湘军将领。由于历史的局限，他一生经历了湘军平定太平天国运动、洋务运动、镇压陕甘回变和收复新疆等重要历史事件。他自幼聪颖，14岁考童子试中第一名，曾写下"身无半文，心忧天下；手释万卷，神交古人"的对联以铭心志。

左宗棠是清代时湖南湘阴人，曾任闽浙、陕甘总督和协办大学士、军机大臣等职。他的一生中，大半生是在戎马倥偬中度过的，晚年病逝于抗法前线的福州。

左宗棠出身农家，平日过惯了寒素生活。做官时，他常亲自灌园种菜，不喜玉食；治军时，常到军中走动，与士兵一起劳作。

有一年，左宗棠督师到甘肃安定县。兰州道蒋凝学见他已是61岁高龄，因而劝他迁往省城兰州总督府居住。然而他却想到正在前线浴血奋战的广大官兵比他更为艰苦，硬是谢绝了其部属的一番好意，坚持与士兵同甘共苦，住进军中帐篷。左宗棠不仅自己身先士卒、与将士同享甘苦，平时还不断要求他的部将要爱兵犹如爱子，告诫他们带兵时要有如带子弟那样去带他们。在他亲自制定的《禁军管制》中，还专门写了体恤兵勇的条文。每当在打仗时，因奋勇而阵亡，或伤重而身故的兵丁，凡家境贫寒者，左宗棠除了要求官府给予抚恤外，他自己还掏腰包补贴他们的遗属，以示慰问。

1875年，清政府任命左宗棠为钦差大臣，前往新疆督办军务。在挥师西征途中，一路上他只住营帐，从不住公馆。他常穿着一身布衣长袍，守着一张白木板桌办公。在恶劣的气候条件下，帐外或沙土飞扬，或雨雪交加，他仍是伏在灰暗的灯烛下不辞辛劳地处理繁重的军务。实在劳累极了，他就踱出帐外和军士聊天，丝毫不摆长官架子。

左宗棠坐镇于酒泉，运筹于帷幄，繁重的军务终于把他累倒了。但是，为了能早日从沙俄手中收复新疆失地，实现他"与西事相始终"的誓言，他不顾自己"衰病日臻"的病体，继续率军西征。

军队在向哈密行进的途中，正遇上漫天风沙、冰雪交加的恶劣天气。沿途地方官吏为照顾他的病体，多次力劝他住进公馆，左宗棠都执意不从，依旧是住在营帐之中，坚持与将士们同甘共苦。

为了向全军将士表示他誓与沙俄侵略军决一死战的决心，在行军中左宗棠还特意命令其部属抬着棺材随军前进，随时准备为国捐躯。

左宗棠的这种誓不生还、效命疆场的悲壮之举，极大地激励和鼓舞了全军将士讨伐侵略者的士气和决心。因此，在出征和追剿阿古柏匪帮的战斗中，全军上下出现了万众一心、奋勇杀敌的壮烈场面。

■故事感悟

左宗棠在历史上是个功过各半的人物，但他身为军中将帅，在带兵征战中事事严于律己、身先士卒、与士兵同甘共苦的事迹一直为后人所称颂。

晚清中兴四大名臣

曾国藩（1811—1872），初名子城，字伯涵，号涤生，湖南省长沙府湘乡县人，是中国历史上最有影响的人物之一。他从湖南双峰一个偏僻的小山村以一介书生入京赴考，中进士留京师后十年七迁，连升十级，37岁任礼部侍郎，官至二品。后因母丧返乡，恰逢太平天国巨澜横扫湘湖大地，他因势在家乡拉起了一支特别的民团湘军，历尽艰辛为清王朝平定了天下，被封为一等勇毅侯，成为清代以文人而封武侯的第一人。之后曾国藩历任两江总督、直隶总督，官居一品，死后被谥"文正"。

胡林翼（1812—1861），字贶生，号润芝，湘军重要首领，湖南益阳县泉交河人。胡林翼于1836年（道光十六年）中进士，授编修；1840年先后充会试同考官、江南乡试副考官；1846年以知府分发贵州，历任安顺、镇远、黎平知府及贵东道，在任强化团练、保甲，镇压黄平、台拱、清江、天柱等地苗民起义和湖南李沅发起义，后总结战争经验编成了《胡氏兵法》。

左宗棠（1812—1885），汉族，字季高，湖南湘阴县人，号湘上农人。在1852年的时候，左宗棠进入湖南巡抚衙门，担任幕僚，这一年他已经40岁了。左宗棠在48岁那一年结束了他的幕僚生涯，作为一名湘军主帅带兵作战。左宗棠的累累战功，使得各种官职和头衔像流星雨一般落在了他的头上：浙江巡抚、闽浙总督、太子少保衔、一等伯爵、赏穿黄马褂、赏戴双眼花翎。

彭玉麟（1816—1890），字雪琴，清衡阳县人。他曾跟随曾国藩四处征战，后来逐渐成长为湘军水师的统帅。湘军水师纵横长江十多年，攻克了沿江所有的战略要地：武昌、湖口、九江、安庆和天京。朝廷没有忘记湘军水师的赫赫战功，不断给彭玉麟封官晋爵。而这位水师统帅并没有因此而享受人生，相反，他终其一生都是郁郁寡欢。如此不合情理的现象，让后人产生了无数的遐想和猜测。

船政学堂

　　船政学堂是清朝船政大臣沈葆祯在 1866 年于福建福州马尾港所设的海军学院，又称福建船政学堂、福州船政学堂或马尾水师学堂。船政学堂最初称"求是堂艺局"，是专门为福建船政培训人才而设。学堂成立之初即聘用外国教习教授造船、航海等专业知识，毕业生中优异者更会被派往西欧各国深造。船政学堂被称为中国海军摇篮，除了是近代中国首家海军及航海学院外，它亦是首家现代军事学院和首家现代专业院校。船政学堂的毕业生有不少成为北洋海军的高级将领外，部分亦有中国近代的著名知识分子。

朱德从不居功自傲

朱德（1886—1976），字玉阶，伟大的马克思主义者，伟大的无产阶级革命家、政治家、军事家。他是深受全国人民崇敬和爱戴的老一辈无产阶级革命家，生前担任中央军委副主席、全国人大常委会委员长等重要职务。

抗日战争时期，朱德担任八路军总司令。他和身边工作人员编在一个党小组，每次过组织生活，他都主动参加。

有一次，党小组讨论如何落实毛泽东同志向全党发出的"自己动手，克服困难"的号召，研究如何发展生产问题。党小组的同志看到朱德的工作太忙，就没打算给他分配具体任务，所以，那次会议就没有通知他参加。

第二天朱德听说后，找到党小组长问道："昨天的会议为什么不通知我参加？"

"我们看您工作太忙，所以……"

"那怎么行啊？毛主席号召我们自己动手，克服困难，这么大的事情，我不能特殊，我也有一份。"接着，朱德又耐心地对党小组长说：

"在我们党内，每个人都是普普通通的党员，党内不能有特殊的党员，总司令也不例外。以后不管开什么会，都要通知我参加。"

党小组根据朱德同志的要求又重新开了一次会，会上安排他和一名炊事员、一名警卫员，一起承担机关二亩地的种菜任务。

从此，每天傍晚，朱德便同大家一起抬水、浇地、除草……两名战士看到总司令亲自带头，干得更起劲了。

新中国成立以后，朱德同志仍然把党的事业看得高于一切，自己从不居功自恃，甘做人民公仆，对亲属和子女也是处处严格要求。

如今，在中国人民革命博物馆西三楼展览厅，陈列着一张两万多元的巨额存款单。原来，这是朱德夫人康克清按照朱德同志生前的嘱托，把朱德二十多年来省吃俭用积蓄起来的钱全部作为党费交给了党。

朱德在逝世前不止一次嘱咐说："我只有两万元存款，这笔钱不要动用，不要分给孩子们，把它交给党组织，作为我的党费。子女们应该接革命的班，继承艰苦奋斗的光荣传统，而不是接受金钱和享受，那样是害了他们。"他还对孩子们讲："我不要孝子贤孙，要的是革命接班人！我要尽到我的责任，把你们培养成无产阶级革命事业接班人。"

□故事感悟

朱德无论何时何地，都把自己当作革命队伍中普通的一员，党内党外，从不搞特殊化，一贯模范地自觉遵守党的纪律，体现出老一辈革命家的革命风范。

湘南起义

湘南是大革命时期农民运动蓬勃发展的地区。大革命失败后，湘南地区的共产党员和革命群众在白色恐怖下仍继续坚持斗争。1927年冬，中共湘南特委根据中共中央和中共湖南省委的指示，在湘南各县城镇和乡村中恢复和建立了工会、农会及起义队、赤卫队等组织，为湘南起义创造了条件。

1928年1月中旬，朱德、陈毅率领南昌起义军余部2000多人，从粤北转至湘南宜章县境。此前，中共湘南特委已制订《湘南暴动计划》。于是，湘南特委所属宜章县委即找朱德、陈毅等汇报了宜章的敌情。朱德了解到宜章县城敌人力量空虚，就提出了智取宜章的方案。由地方游击队领导人胡少海（共产党员，出身豪门，身份没有暴露）以国民革命军第十六军第一四○团团副的名义，率领一支先遣队进驻宜章，稳住宜章的上层统治者后，大部队随即跟进。为了不让反动头目逃脱，要胡少海以"宴请桑梓父老"为名，对准备捉拿的人都送去请柬，并在宴前设下埋伏，以便一网打尽。

第三篇
信守廉洁不特权

晏子拒迁新宅

晏婴（公元前578—前500），字仲，谥平，习惯上多称平仲，又称晏子，夷维人（今山东高密）。晏婴是齐国上大夫晏弱之子。以生活节俭、谦恭下士著称。据说晏婴身材不高、其貌不扬，但他却是春秋后期一位重要的政治家、思想家、外交家。晏婴历任齐灵公、齐庄公、齐景公三朝，辅政长达50余年。齐灵公二十六年（公元前556年）晏弱病死，晏婴继任为上大夫。周敬王二十年（公元前500年），晏婴病逝。孔丘（孔子）曾赞曰："救民百姓而不夸，行补三君而不有，晏子果君子也！"现存晏婴墓在山东淄博齐都镇永顺村东南约350米。晏婴头脑机灵，能言善辩。他内辅国政，屡谏齐君；对外既富有灵活性，又坚持原则性，出使不受辱，捍卫了齐国的国格和国威。司马迁非常推崇晏婴，将其比作管仲。

晏子，名婴，春秋时齐国人，曾任齐国的相国。他为人机智，善于辞令，辅佐齐景公把齐国治理得井井有条，齐景公很倚重他。

晏子任相国，可谓是一人之下，万人之上，职位算是很高了，但他所住的房屋却又矮又旧。齐景公心里觉得有些不安，想给他建造一所宽敞高大的房屋。

一天，齐景公对晏子说："相国，你的房子又矮又破旧，而且离闹市太近，整日不得安静，长此下去怎么行呢？还是给你建个宽敞高大些的住宅吧！"

"感谢国君的关心，我住在那儿很好！"晏子感激地说，"我现在住的房子虽然破旧些，却是我祖辈一直居住的地方。我对国家亦无大功，住着先人留下来的房子心里还觉得不配呢，怎么还能换更好的房子呢？"

齐景公再三劝说，晏子始终不肯搬迁。齐景公为此很伤脑筋。

有位大臣对齐景公说："我倒有个办法，国君不妨试试。"

"你有何妙计，请快快讲来！"齐景公迫不及待地问。

"相国为人十分刚直，靠劝说让他搬迁是不可能的。国君要想了却此愿，只有等他不在家的时候，派人把他的旧房舍拆掉，然后再为他盖好新的房子，待相国回来。那时，生米已做成熟饭，他再反对也没有办法了。"

齐景公听罢非常高兴，连声说："好！好！好！"

不久，晏子出使晋国。齐景公照计行事，立即派人给晏子盖了一座华丽宽敞的新住宅。

晏子出使归来，刚到城里就有人告诉他说，国君为他修建了新宅，原来的旧房子拆掉了，还拆了邻居的房子。听到这一消息，晏子深感不安，沉思良久，对身边的随从官员说："烦你去宫中禀告国君，感谢他的一番好意。但为了我能住上好房子，把左邻右舍都撵走了，我于心实在不忍。让我住在这样的宅院里，我一天也难安宁。请国君恩准重新恢复原来的住宅，让邻居回来居住。否则，我哪有脸面再回家？"

随从官把晏子的这番话转告了齐景公，齐景公十分生气，怒冲冲地嚷道："寡人尽心尽力为他好，他却如此不识抬举！"

朝中大臣们也七嘴八舌地嚷开了："相国的做法，也着实有些不近人情。"

"真是好人做不得啊！"

"其实相国也有难处啊，他是百官之首。宫里宫外、上上下下、大小的官员都看着他，他若身不正，影子就跟着歪了。"

齐景公听了大家的议论，考虑再三，对那随从官挥了挥手："好啦，随他去吧！"晏子回到家中，立即叫人将新宅拆掉，重新恢复了原来的住宅，又将迁走的邻居全部一一请了回来。邻居们对他的行为都十分感动。

■故事感悟

晏子的行为告诉我们要以身作则，严于律己。只有自身的行为端正了，别人才会尊敬你、信服你。

■史海撷英

二桃杀三士

战国齐景公时，田开疆帅师征服徐国，有拓疆开边强齐之功；古冶子有斩鼋救主之功；由田开疆推荐的公孙捷有打虎救主之功。三人结为兄弟，自号为"齐邦三杰"。齐景公为奖其功劳，嘉赐"五乘之宾"的荣誉。随着时间的推移，他们三人挟功恃勇，不仅简慢公卿，而且在景公面前也全无礼统。甚至内结党羽，逐渐成为国家安定的隐患。齐相晏婴，即晏子，深感忧虑，想除掉他们，又担心景公不允许，反结怨于三人。

一天，鲁齐结好，齐景公宴请鲁昭公。酒至半酣，晏子奏请开园取金桃为两国结盟祝贺。景公准奏后，晏子引园吏亲自监摘。摘得六个金桃，

"其大如碗，其赤如炭，香气扑鼻"。依礼，齐鲁二国君各享一个，齐鲁二国相各享一个。盘中尚剩两个，晏子奏请赏给臣下功深劳重的人，以表彰其贤能。齐景公让诸臣自我荐功，由晏子评功赐桃。公孙捷和古冶子因救主之功而自荐。二人一自荐功劳，晏子就肯定了二人的功劳，并即刻将两桃分别赐给了这两人。田开疆以开疆拓边有功而自荐。晏子评定田开疆功劳为最大，但桃已赐完，说只能等到来年桃熟，再行奖赏。齐景公说他自荐得迟，已没有桃子来表彰其大功。田开疆自以为这是一种耻辱，功大反而不能得到桃子，于是挥剑自杀。古冶子和公孙捷相继因功小食桃而感到耻辱也自杀身亡。晏婴就用两个桃子除掉了三人，消除了齐国隐患。

□ 文苑拾萃

《晏子春秋》

《晏子春秋》是一部记叙春秋时代齐国晏婴的思想、言行、事迹的书，也是我国最早的一部短篇小说集。相传为晏婴所撰，现在一般认为是后人集其言行逸事而成。书名始见于《史记·管晏列传》。《汉书·艺文志》称《晏子》，列在儒家类。全书共8卷，215章，分内、外篇，语言简练，情节生动，具有较高的艺术性。书中寓言多以晏子为中心人物，情节完整，主题集中，讽喻性强，对后世寓言有较大的影响。

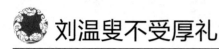刘温叟不受厚礼

刘温叟（909—971），字永龄，河南洛阳人，建隆（960—962年）中拜御史中丞。刘温叟7岁能属文，善楷隶，卒年63岁。

刘温叟是宋朝的大臣，在朝中主管过吏部，任过御史中丞等职。

由于廉洁正直，又有才干，刘温叟先后得到宋太祖、宋太宗的器重和信任，朝野内外名气很大，不少人愿做他的门生，拜他为师；也有些势利之徒和贯于钻营的小人总想寻找机会接近他，和他拉关系。

一次，一个自称是刘温叟门生的人，突然给他家里送去一车粮草，作为进见礼。他想以此取得刘温叟的欢心，以便进一步投靠和求助于刘温叟。刘温叟见此人的这般举动，心中很不愉快，但他仍然以和蔼的态度百般解释、推辞。可是，尽管刘温叟推辞再三，这个人就是不肯把粮草拉走。没办法，刘温叟就吩咐家人拿出一套贵重的衣服回赠给这个送礼的人。这套衣服的价值是那车粮草价值的好几倍。那送礼的人一看这种情形，只好放下衣服，无可奈何地把那车粮草拉了回去。

太宗皇帝知道刘温叟一向清廉，在同僚之中相比，他并不富裕。于

是，特意派人给他送去了一些钱。其中含义，既有奖赏之意，也有关怀之情。刘温叟见是皇上的赏赐，却于情面只好收下。然后，他把这些钱原封不动地存放在厅西的一间屋子里，并当场把钱和门都封上了，送走了送钱的人。

第二年端午节时，宋太宗又派人给刘温叟送来一些粽子和扇子，以表示对他的器重和关怀。派来的人恰好还是去年送钱的那个人。那人到刘温叟家中一看，去年送来的钱仍然放在那间屋子里，原封未动。事后，那人回去把所见情形如实地向宋太宗做了禀报。

宋太宗听说后，心中万分感慨，说："连我送去的钱都不用，何况别人的了。看来，过去他之所以收下了我的钱，只是不想拒绝我的情面呀！这钱整整过了一年还未启封，可见他的廉洁情操是多么得高尚！"

■故事感悟

只有严于律己才不会让小人有机可乘。刘温叟律己的品格确实让人赞叹。

■史海撷英

陈桥兵变

陈桥兵变是赵匡胤发动取代后周、建立宋朝的兵变事件。公元959年，周世宗柴荣死后，7岁的恭帝即位。殿前都点检、归德军节度使赵匡胤，与禁军高级将领石守信、王审琦等结义兄弟掌握了军权。翌年正月初，传闻契丹兵将南下攻周，宰相范质等未辨真伪，急遣赵匡胤统率诸军北上御敌。周军行至陈桥驿，赵匡义（赵匡胤之弟）和赵普等密谋策划，发动兵变，众将以黄袍加在赵匡胤身上，拥立他为皇帝。随后，赵匡胤率军回师开封，京城守将石守信、王审琦开城迎接赵匡胤入城，胁迫周恭帝禅位。赵匡胤即位后，改国号宋，仍定都开封。史称这一事件为"陈桥兵变"。

■文苑拾萃

太祖长拳

太祖长拳属少林18家中的一家。据传说"太祖拳"为第一家，是因为宋太祖所传，共计16节长拳。在几百年的练习过程中大部分已经失传，20世纪四五十年代在关外练习时已剩下六节拳术了，如华拳、一路华拳、二路华拳等。

太祖长拳广泛流传于我国北方，整套拳路演练起来，充分表现出北方的豪迈特性。太祖长拳架势大而开朗，特别注重手、眼、身法、步的密切配合与展现，演练起来豪迈奔放；优美中又不失其威猛的澎湃气势，为中国武术界六大名拳之一。

元明善清正廉洁

　　元明善（1269—1322），字复初，元朝大名清河（今属河北）人。元明善弱冠游吴中已名能文章，仁宗擢为翰林待制。延祐中陆翰林学士。元明善是元朝文学家，著有《清河集》，曾任湖广两省参知政事、翰林直学士，参与修撰《成宗实录》《仁宗实录》《元史本传》《书史会要》等，卒年54岁，追封清河郡公，谥曰文敏。

　　元明善才思敏捷，文辞清新，为人清正廉洁，严于自律，元仁宗非常器重他。

　　一次，元仁宗命一位蒙古族大臣为正使，元明善为副使，组成一支有文有武、蒙汉多民族的外交使团，出使交趾国。在交趾国外交公务办完后，交趾国国王派人给元朝使团送来一批金银珠宝等礼物。看着这些厚礼，使团中的官员多有不同的想法和反应，大家都在看着正副使节的态度。

　　正使见后，非常高兴，连声说："多谢国王的厚意。"就把给自己的礼品收下了。随从人员见正使答应收下了，便各自收起给自己的礼物。见此情形，只有元明善表现得非常冷淡，心中很不高兴，但是正使已收下了，自己不便多说。

正使看到元明善这个样子，以关心的态度劝说道："给你的这份礼品，就让随从给你收起来吧！"

"不，不，大人！"元明善急忙摇头阻止说。

"为什么？阁下莫非嫌这份礼品轻了？"正使不解地问。

"不，不，请大人不要误会。家母在世时，一再教育下官不得收受馈赠，她老人家在弥留之际，还拉着我的手要我点头答应才肯瞑目。"

正使深知汉族人的礼教，又知元明善极重孝道，不便勉强，便冷冷地说了声："阁下不违母教，可敬！可敬！本官不再勉为其难了！"说完，一拱手回房去了。正使走后，元明善立即令其随从将给他的礼品交给馆舍人员，让其转呈交趾国王。

交趾国派来送礼的人，把所见情形如实地向国王做了禀报。当谈到正使及随行人员的行为时，在座的君臣们不免心中暗笑，认为元朝官员品格不过如此。但当谈到元明善拒收礼品时，大家都非常震惊。国王觉得这是位神奇人物，一定要见识见识。于是亲自到馆舍特意拜访元明善。

国王看到元明善简朴的行装，暗暗钦佩，端正不语。元明善并不知国王来意，忙恭敬地说："国王政务繁忙，何必又来送行？"

国王笑了笑，说："我因有件事很不理解，特来求教。"

元明善起身说道："请国王明示。"

国王请元明善落座，温和地说："敝国为感谢使者们跋山涉水远道而来，特备薄礼相赠。贵国大臣及随从人等均已收下，独你作为副使为什么不收？"

元明善没想到国王特来询问此事，感到有些惊奇，心想：在国王面前，他既不能公开指责上司，说正使贪财受礼，有失国格；也不能再推说自己是遵照先母遗教。沉思片刻，他巧妙地解释说："谢谢国王的好意，大使是代表我们国家接受贵国的礼品，表示两国和睦友好；我个人如若再接受礼品，就有贪财之嫌，有损我国的国格了。所以我不能接受，请大王谅解。"

国王听了他这番不卑不亢、巧妙机智的回答，赞叹不已。站在一旁的正使听后也连忙应付道："是的，是的，我正是代表我们国家接受的这份礼品。"

回国后，正使只得把国王送的那份礼品上交了。

■故事感悟

只有不为金钱所动，才不会让人轻视。尤其是在外交上，更应该如此。

■史海撷英

延祐经理

延祐经理是元仁宗延年间采取的清查田亩的措施。延祐元年（1314年），鉴于当时田亩"欺隐尚多，未能尽实"，造成国家"岁入不增"，元仁宗采纳中书平章政事章闾的建议，行经理之法。即查核土地田亩数额与理算租税钱粮，并对隐漏田产追征租赋。遂以章闾、马丁、陈士英等分别前往河南、江浙、江西督办，并责成行御史台及枢密院给予行政和军事协助。采取"揭榜于民，限四十日，自实于官"，严令百姓于限期内向官府申报本户的田亩数量，作弊者依法治罪。实施过程中，官吏贪刻，以无为有，妄增亩数，而有很多富民却因贿赂官吏隐瞒田产，人民深受其害。江西赣州蔡五九聚众起事，受害农民纷起反抗。元仁宗迫于形势，停止经理，减免所查出的漏隐田亩租税。延祐经理以失败告终。

元一统志

《元一统志》，原名《大元大一统志》，由札马剌丁、虞应龙、孛兰盼、岳铉等主持编撰，元代官修全国性地理总志。

该书对全国路府州县建置沿革及山川、土产、风俗、里至、宦迹、人物，皆有详述。内容繁博，体例严密，为历代总志所不及。还绘有彩色地理图，引入阿拉伯绘图之法，首创"一统志"之名，对明清二代修撰《一统志》影响巨大。

札马剌丁，回族人，官集贤大学士、中奉大夫、行秘书监事。虞应龙，宋时官雷州知州，入元官至秘书少监。至元二十二年（1285年），元世祖命"大集万方图志而一之，以表皇元疆理无外之大"。次年，扎马剌丁上奏："方今尺地一民，尽入版籍，宜为书，以明一统。"元世祖纳其言，命主其事，后罗致虞应龙等共同修撰。在所搜各地"图子文字"及虞应龙《统同志》稿本的基础上，至元三十一年成书755卷。后又陆续征集到辽阳、甘肃、云南等地图志，由集贤大学士孛兰盼和昭文馆大学士、秘书监岳铉等主持增补。成宗大德五年（1301年），赐名《大一统志》。大德七年（1303年）成书，共600册，计1300卷。前后共历18年之久。书成后藏于秘府，顺帝至正六年（1346年）始刊行。

该书原书已佚，今可见《玄览堂丛书续集》辑清袁氏贞节堂钞本35卷，《辽海丛书》金毓黻辑残本15卷、辑本四卷，1966年中华书局版赵万里汇辑的《元一统志》10卷。

范景文 "不受嘱，不受馈"

范景文（1587—1644），字梦章，吴桥（今河北吴桥县）人。明朝光宗、熹宗两朝中，他先后任文节郎中、河南巡抚、兵部尚书、东阁大学士等职。

范景文为官清廉，洁身自好，从不接受别人的请托或馈赠，不管是素不相识的人，还是过往甚密的亲朋好友，凡是送予礼品、登门相求者，他都一一婉言谢绝。

一次，他的一位亲戚想谋个一官半职，便备了一份厚礼前去找他。范景文见亲戚来访，设家宴热情款待。席间，那位亲戚乘着酒兴，说明了自己的来意。范景文听了，忙一口回绝说："我身为朝廷命官，岂敢擅用权势，枉徇私情？"

说完，范景文又耐心地劝那位亲戚走读书求仕的门路，临走时，那位亲戚又说："以后，倘有可能，还请你帮助举荐。"并拿出礼物，一定要范景文收下。

范景文推辞再三，说什么也不肯收。

那人又说："我们是亲戚，又不是外人，你何必如此……"

范景文把脸一板，生气地说："亲戚也不能收，你以后再来，就空手来，不许再像这样！"

不料，那位亲戚并不怕他吓唬，仍然坚持要把礼物留下，纠缠了好半天，范景文好不容易才让他把礼物带走了。

送走了亲戚，范景文自言自语道：想不到拒礼竟然如此之难。想来想去，终于想出了一个办法，他拿纸提笔写了六个大字，贴在大门上："不受嘱，不受馈"！

果然，以后再也没人敢登门送礼或求情办事了。人们也就因这种不受礼、不受嘱的品格，尊敬地称他为"二不尚书"。

■**故事感悟**

俗话说，吃人的嘴短，拿人的手短。"不受嘱，不受馈"的范景文用这六个字充分表现了其严于律己、洁身自好的高尚品格。

■**史海撷英**

文武全才

范景文是一个文质彬彬的人。钱谦益说他"秀赢文弱，身不胜衣，啜茶品香，论诗顾曲，每以江左风流自命"。但是，这并不意味着他不能领兵打仗。崇祯二年（1629年），他担任右佥都金御史，巡抚河南。在这期间，皇太极领兵杀来，多支部队进京勤王。范景文的部队进军最快，纪律也最好，史称"京师戒严，率所部八千人勤王，饷皆自费。抵涿州。四方援兵多剽掠，独河南军无所犯。移驻都门，再移昌平，远近恃以无恐"。在进入涿州的路上，有人给范景文送来了香茶。范景文接过香茶恭恭敬敬倒在了地上，说："将士们在冰雪风霜之中奔走，来赴国难，冻裂了嘴唇冻伤了指头，一勺水都喝不到嘴里头，我怎么能在这里喝香茶呢？感谢您的好意，我把这香茶祭献给大地吧！"战士们听了，都感动得掉泪。

■文苑拾萃

赋得花朝遇雨

范景文

春阴偏是趁今朝，妒暖余寒尚自饶。
花意如人初中酒，柳容似冻未舒条。
踏青游屐方微湿，听雨吟魂却暗销。
烟裹空蒙飞翠冷，总无红紫亦堪描。

阮湘圃甘守清贫

阮湘圃（生卒年不详），本名承信，号湘圃，扬州仪征人。阮湘圃一生没有做官，只补了一个国子监监生，一生与书和马为伴。

阮元是清代著名学者，阮元的父亲阮湘圃是个道德高尚的人。阮湘圃家境虽然贫困，但能洁身自守，不取不义之财。一次，他来到河边某渡口，捡到个包，解开一看里面是银子，并且还有官府文书在里面。他很焦虑地想道："这个事情上关系国务，下关系百姓，不能让它丢失，我应在这里等候它的失主。"到了晚上，果然见有一个人来，慌慌张张地就要跳河自杀。阮湘圃问他怎么回事，他说丢了金钱，还哭着说："银子丢了连累自己还要牵连我的主人，不如我先死了算了。"

阮湘圃赶忙把包袱交给他，而且连姓名也不留。后来，阮湘圃的儿子阮元做了大官，在浙江任督学。有一天，阮元巡视公务去了绍兴，父亲阮湘圃留住在杭州。一位江苏仪征的老乡来到省署谒见湘圃，阮湘圃很诚恳地接待了他，老乡说："你们家里怎么清贫到如此程度？"湘圃说："我们家本来就是贫寒的。"

老乡拿出两张纸说："这两张契约值银千两，就算给您老祝寿吧！"

阮湘圃生气了，斥责这人说："我一辈子就是因为不愿意要不义之财，所以一直贫困。你为什么无故给我做寿，而且不惜花费千金呢？如果说您有求于我儿子的话，我可以告诉你：我儿子受到朝廷的重恩，就是清清白白地做官，难道还用这钱财去玷污自己的清白吗！您今天以礼来，我以礼来接待您；你如果施以贿赂，恐怕今天您就出不得这个门了。"这个人被说得目瞪口呆，没想到来送礼却碰了一鼻子灰，马上叩头赔礼惶惶而去。

□故事感悟

高官阮元的父亲能够甘守清贫，自律自守，不愧为品德高尚的人。

□史海撷英

阮元的学术成就

阮元25岁就中了进士，做官时提倡学术，在浙江完成《经籍籑诂》，在江西完成《十三经注疏》，在两广完成《皇清经解》。

阮元认为"圣贤之道存于经，经非训诂不明""古今义理之学，必自训诂始"，这是一种实事求是的治学态度。阮元86岁时死去，他在提倡学术的影响上，既深且久。在浙江立诂经精舍，有教室五十间之多；在广东立学海堂，也是有名的学术重镇。《四库全书》在开馆编书抄书的时候，曾由清朝乾隆皇帝下令，叫各省于半年内搜罗书籍集中中央，当时光浙江一省，就送上4523部书。阮元比纪昀小40岁。在纪昀死后，他在浙江，又陆续搜集《四库全书》没收的书175部，写成了《揅经室经进书隶》(也叫《四库未收书提要》或《四库未收书目提要》)五卷，以补《四库全书》的不足。他这部未收书提要，原未分类，后经傅以礼于1882年加以重编、补正，成为四库提要后第一名著。

　　阮元在经籍训诂之外，还研究天文、历算、地理等学科，著述颇丰。有《十三经注疏校勘记》《经籍纂诂》《畴人传》以及《积古斋钟鼎彝器款识》等书；创编《国史·儒林、文苑》传；诗文集为《揅经室集》，包括文集4编29卷，诗集12卷，续集11卷，外集5卷。另外，还有《诂经精舍文集》14卷。

■文苑拾萃

吴兴杂诗

（清）阮元

交流四水抱城斜，散作千溪遍万家。
深处种菱浅种稻，不深不浅种荷花。

李大钊给内弟"撤保"

李大钊（1889—1927），中国共产主义运动的先驱和最早的马克思主义者，中国共产党的主要创始人之一，字守常，河北省乐亭县人。1907年夏至1913年夏，李大钊入天津北洋法政专门学校求学；1913年底东渡日本留学，在日期间曾参加反对袁世凯复辟、卖国的斗争；1926年"三一八惨案"发生后，遭到段祺瑞政府的通缉，遂避入苏联驻北京大使馆兵营，继续坚持斗争；1927年4月6日，奉系军阀张作霖派军警搜查苏联大使馆，李大钊等60余人被捕，4月28日在北京英勇就义。

李大钊不仅为中国人民的解放事业、为反帝反军阀斗争做出了重大贡献，而且始终以一个革命党人的胸怀严格要求自己，包括对自己的亲属。

李大钊有个内弟叫赵晓峰，曾因请李大钊做"保人"，才得以在天津汉沽盐务局当了个小职员。

一次，李大钊从北京回到乐亭老家探亲，正巧赵晓峰也从天津回到家乡。赵晓峰见到姐夫，显得格外热情，又倒茶又递烟，忙着招待李大钊。然后，他十分感激地对李大钊说：

"感谢姐夫帮忙，替小弟找了个好工作，如今我每月能挣六七百元哩！"

李大钊一听，感到有些意外，问他道："怎么能挣这么多钱？"

"姐夫，您不知道，干我们这行的除了正常工资外，还有不少外快。"

"什么外快？"

"私吃！"赵晓峰越说越得意，说完还眉飞色舞地补充说，"这工作油水大着哩！"

听到这儿，李大钊心里很不是滋味，再也没理这个内弟。过了两天，李大钊就回北京去了。

不久，赵晓峰也回汉沽盐务局来上班。一到局里，那局里的一个负责人对他说："你已经被辞退了，请不必再来上班了。"

赵晓峰大吃一惊，忙问："为什么辞退我？"

"你姐夫已经撤了保。"

"为什么，他决不会这样的！"

"那你问你的姐夫去吧！"

赵晓峰十分恼火地赶到北京，一见到李大钊便十分委屈地问道："姐夫为什么要撤保，这不是砸了我的饭碗吗？"

李大钊生气地说："因为你'私吃'太多，这样的事，实在是坑害百姓，我不允许你这么干！"

听罢姐夫的一席话，赵晓峰无可奈何地走了。

■故事感悟

李大钊作为解放事业的先驱，对自己的亲人要求得更加严格，这是对百姓负责。

新文化运动

新文化运动为20世纪早期中国文化界中，由一群受过西方教育的人发起的一次革新运动。1919年5月4日前夕，陈独秀在其主编的《新青年》刊载文章，提倡民主与科学（德先生与赛先生），批判传统纯正的中国文化，并传播马克思主义思想；以胡适为代表的温和派，则反对马克思主义，支持白话文运动，主张以实用主义代替儒家学说，即为新文化运动滥觞。在这一时期，陈独秀、胡适、鲁迅等人成为新文化运动的核心人物，这一运动并成为五四运动的先导。

共产主义小组

共产主义小组指中国共产党成立前夕在中国各地及日本东京、法国巴黎成立的共产主义组织，它为中国共产党的成立奠定了组织基础。

中国共产党的最早组织是在上海首先建立的。1920年8月，上海共产党早期组织正式成立。参加者有陈独秀、李汉俊、李达、陈望道、俞秀松等，陈独秀任书记。上海共产党早期组织成立后，实际上成为各地建党活动的联络中心，起着中国共产党发起组织的重要作用。

1920年10月，由李大钊、张申府、张国焘3人发起成立北京共产党早期组织，李大钊为负责人。罗章龙、刘仁静、邓中夏、高君宇、何孟雄、缪伯英、范鸿劼、张太雷等先后加入，成员大多为北京大学马克思学说研究会的骨干。

"铁面御史"郭琇

郭琇（1638—1715），字瑞甫，号华野，山东即墨郭家巷（今属即墨镇）人，清朝康熙年间著名的清官，他为国为民、廉洁清正、勤勉干练、善断疑案，在地方任职期间，"治行为江南最"，很受好评。他不计私利，弹劾权奸，在"势焰熏灼、辉赫万里"的权臣面前毫无惧色。郭琇平生耿直，以三次弹劾而名动天下，留名史册。

郭琇是康熙九年（1670年）进士，十八年（1679年）任江南吴江县知县。

郭琇是个有才能的人，他上任不久，确实也为该县做了一些工作。但是，在索贿受贿风盛行的情况下，他对上司的索贿虽然不满，可又不敢硬抗。当时的江苏巡抚余国柱十分贪婪，他向所属各州县索贿，"征贿巨万"。

郭琇也曾为满足余国柱的私欲而取之于民，因而一时"以贪黩闻"。康熙二十三年（1684年），新任巡抚汤斌到任。汤斌"以消介自励，敦厚风化；其下属有贪酷者，皆善为劝勉。其不改者，始以法惩之"。他到任后，了解了郭琇的为人，考察了郭琇的全部工作，深知其之贪酷属不得已而为之。为了使郭琇改正自己的过错，将来成为一个清官，汤斌将其传至省城，当面劝导，"教以贞廉"。面对这位刚直清正的新任巡抚，郭琇将心中所想全部道出："向来上官要钱，卑职无措，只得取之于民。今大人如能一清如水，卑职何敢贪耶？"并向汤斌表示："请宽一月之期，如声名犹若昔，请公立置典刑可也。"汤斌见郭琇决心悔改，心中暗喜，但不露声色地说："姑试汝。"

郭琇回到县衙之后，立即唤衙役打来多桶水，并亲自动手，用水冲洗其堂庑。众人不解其意，忙问其由。郭琇向众人承认了自己的错误，表示了悔改的决心。他郑重地对众人说："前令郭琇已死，今来者又一郭琇也。"郭琇正是以清水冲堂庑，表示了自己荡除前非的决心。果然，他"由是大改前辙"，不久，"其政治为之一变"。属下人人畏法，胥吏不能为奸。没过几年，政绩显著。

康熙二十六年（1687年），经汤斌推荐，郭琇被授为江南道监察御史，其职责就是要弹劾那些贪官污吏。郭琇任此职后，"唯洗手奉职，至临患难，死生利害不稍动手中"。他坚任职守、铁面无私，半年之内就参罢了三位宰相、两位尚书，被人称为"铁面御史"。一时，清南之声闻天下。

■故事感悟

为官者一生清廉固然可嘉；而那些曾有"贪"名之人，只要能够幡然悔过、荡除前非，仍然可以成为一个清正廉明的官员，同样是可书可赞的。

■史海撷英

郭琇直谏

康熙二十七年（1688年）正月二十二日，郭琇第一次以监察御史的身份向朝廷上了《参河臣疏》，陈述河道总督靳辅在户部尚书佛伦支持下治河措施不当，致使江南地区困于水患，百姓怨声载道。由此，靳辅被罢官，佛伦被降职，郭琇升任金都御史。

接着，郭琇又冒着丢官丧命的风险上《纠大臣疏》，弹劾英武殿大学士明珠及余国柱等，揭发他们结党营私、排陷异己、贪污收贿等罪行，而他的真正目的，则是气焰冲天的明珠一党，因为这一疏，他一参成名。

■文苑拾萃

大行太皇太后挽词

（清）郭琇

弥留鸾驭日，遏密万方齐。地惨冰封树，天寒雨作泥。
风归岷岭北，月落蓟城西。天子居庐久，烟迷柳外堤。
枢星不复见，犹自恋慈帷。抚有河山胜，长含风木悲。
璇宫香未散，珍膳视无期。依旧春光遍，青芝发九枝。

唐太宗行赏不徇私

　　唐太宗李世民（599—649），是唐朝第二位皇帝，他名字的意思是"济世安民"，陇西成纪人，祖籍赵郡隆庆（今邢台市隆尧县），政治家、军事家、书法家、诗人。李世民即位为帝后，积极听取群臣的意见、努力学习文治天下。有个成语叫"兼听则明，偏信则暗"，就是说他的，他是中国史上最出名的政治家与明君之一。唐太宗开创了历史上的"贞观之治"，经过主动消灭各地割据势力、虚心纳谏、在国内厉行节约、使百姓休养生息，终于出现了国泰民安的社会局面，为后来全盛的开元盛世奠定了重要的基础，将中国传统农业社会推向鼎盛时期。

　　武德九年（626年），唐太宗李世民亲自确定长孙无忌等人的爵位和封邑，叫礼部尚书陈叔达在殿下唱名宣示给大家，并且说："我按规定的等次和功绩的大小给你们的勋赏，可能有不恰当的，大家可以谈谈。"

　　当时将领们都为自己争功，乱哄哄地闹个不停。

　　李世民的本家叔父，淮安王李神通说："我在关西举兵，首先响应起义的大旗。可是现在房玄龄、杜如晦等专靠耍笔杆子，功劳在我之上，我心里不服气。"

唐太宗说："开始起义时，叔父虽然首先响应举兵，大概也不纯是出自公心，而兼有自身免祸的私念。后来窦建德吞并山东时，叔父全军覆灭；刘黑闼再纠合余党攻来时，您与他在饶阳城南交战，被打得大败，望风逃窜。房玄龄等人在军帐中出谋划策，虽然坐在那里，却安定了国家，论功行赏，本来应该在叔父的前面。叔父是国家最近的亲人了，对您，我真没有什么可吝啬的，只是不能凭着私情和功臣同赏！"

诸将这才互相说："皇上最公道了，即使是他的叔父，也没有什么私心，我们这些人怎么还敢不安分呢？"于是大家都心悦诚服了。

房玄龄说："秦府旧人没升官的都抱怨，说他们伺候皇上多少年了，现在任命的官职反而在前宫、齐府人的后面。"

太宗说："国王大公无私，所以能让天下人心服。我和你们每天所吃所穿，都是从百姓那里得来的。因此设立官员分掌职务，为的是百姓呀！就应当选择有才能的来用，怎么能根据新人旧人来排定官次的先后呢！真要是新人有才能、旧人不像样子，怎么可以抛开新人用旧人呢！现在不谈他们有才能没才能，而光说他们不满，难道这是掌管国家大政的原则吗？"

■故事感悟

作为国家的最高统治者，唐太宗能做坚守原则不徇私舞弊，做到论功行赏，实在是难得。凡事都只有做到公平、公正、有原则，才能更好地去管理。

■史海撷英

唐太宗开放国境

由于东罗马帝国（395—1453年）的衰落，西方变得支离破碎。到了隋朝时中国已经几乎是世界上最强大的国家了，而唐帝国尤其是贞观时期的唐朝更是当时世界唯一的文明且最为强盛的大一统帝国，首都长安是世界性的大都会，各地民商来往不断，就像今天的美国纽约一样。

那时的唐帝国是世界各国仁人志士心目中的"圣地"。来自世界各国的外交使节纷纷赞叹唐朝的盛世，而来到唐朝的各国人，大多数以成为大唐人为荣。不仅是首都长安，全国各地都有来自国外的"侨民"在当地定居。尤其是新兴的商业城市，仅广州一城的西洋侨民就有20万人以上。贞观时期的唐王朝是中国历史上少有的完全开放的时代。唐朝政府还设立了流所（和现在的使馆差不多），方便开放边境和关口，极尽吸收外来文化和物质文明。

唐帝国除了接受大批的外国移民外，还接收一批又一批的外国留学生来中国学习先进文化，仅日本的官派的公费留学生就有七批，每批都有几百人。民间自费留学生则远远超过此数。这些日本留学生学成归国后，在日本进行了第一次现代化运动——"大化改新"，上至典章制度，下至服饰风俗，全部仿效当时的贞观王朝，使处于原始部落状态的日本民族凭空跃进了1000年。

■文苑拾萃

经破薛举战地

（唐）李世民

昔年怀壮气，提戈初仗节。
心随朗日高，志与秋霜洁。

移锋惊电起，转战长河决。
营碎落星沉，阵卷横云裂。
一挥氛沴静，再举鲸鲵灭。
于兹俯旧原，属目驻华轩。
沉沙无故迹，减灶有残痕。
浪霞穿水净，峰雾抱莲昏。
世途亟流易，人事殊今昔。
长想眺前踪，抚躬聊自适。

元 日

（唐）李世民

高轩暧春色，邃阁媚朝光。
彤庭飞彩斾，翠幌曜明珰。
恭己临四极，垂衣驭八荒。
霜戟列丹陛，丝竹韵长廊。
穆矣熏风茂，康哉帝道昌。
继文遵后轨，循古鉴前王。
草秀故春色，梅艳昔年妆。
巨川思欲济，终以寄舟航。

第四篇
克己奉公有节操

子罕不恃权营私

左丘明（约公元前502—约前422），姓左，名丘明（一说复姓左丘，名明；也有说姓丘，名明），春秋末期鲁国人。左丘明知识渊博，品德高尚，孔子言与其同耻，曰："巧言、令色、足恭，左丘明耻之，丘亦耻之；匿怨而友其人，左丘明耻之，丘亦耻之。"汉代太史司马迁称其为"鲁君子"。

左丘明的《春秋左传》中记载了一位名叫子罕的郑国大夫。子罕虽身为京城中的官员，却从不恃权营私、贪恋钱财。不管是亲朋好友，还是素不相识的陌生人，凡别人送来礼物，他都一概拒收。

一天，子罕正在府中处理政务，忽然差役进来禀报说门外有个人求见。子罕急忙放下手中的事务，示意有请。

不一会儿，差役把那人请了进来。只见他身着峨冠博带、衣冠楚楚，进门后一边向子罕施礼作揖，一边口若悬河地说开了：

"久闻大人英名，如雷贯耳，怎奈宋齐两国路途遥遥，无缘相见，今日得见大人尊容，实属三生有幸……"

子罕十分谦和地回答说："客人来访，理当会见，请不必多礼。"

接着，子罕想询问来人的情况和来意。然而，那人却只管一面欣赏厅里的摆设，一面不断地奉承子罕。见此，子罕虽耐着性子，浑身却像针扎一样难受。出于礼貌，子罕不便发火，只好敷衍着和他胡乱谈了一会儿。坐了好半天，那人也未说明来意。子罕因身有公事，心里很着急，只得委婉地说："足下一路风尘仆仆，鞍马劳顿，是否先到客舍休息休息？"

那人说："大人既是公务在身，小人不敢打扰，今日至此，只有一事相商。"说着，抬眼望了望子罕的左右。

子罕会意，向身边的差役们挥了挥手，让他们退下。那人见厅内别无他人，走到子罕跟前，低声地说："小人仰慕大人已久，今日得以相见，我这里有一块刚得到的宝玉，要是雕琢好了，它是无价之宝啊！现在我奉献给你，请大人笑纳。"

说着，那人从袖中把那块碧玉取了出来，双手递给了子罕。子罕接过那玉细看，确实是块宝玉。他放在手上翻来覆去看了几遍，然后又把那玉递还给了那人。

那人一看，急了，他以为子罕怀疑那玉不是真宝，忙说："小人已请玉匠鉴定过了，这的确是块价值连城的宝玉啊！你看这纹理多么华美，这色泽多么斑斓，这形态……"

子罕见那人如此百般殷切，笑着解释说："我并非怀疑它不是宝，我不收，是因为它是你的宝，而不是我的宝。对你来说它是无价之玉，而它对我来说就不是宝。你把碧玉作为宝，我把不贪作为宝。如果我收了你的宝，岂不是你也丢了宝，我也丢了宝？我看还是我们各自守住自己的宝为好啊！"

听了子罕的这一番话，那人只得收起那块玉，灰溜溜地走了。

子罕是一个廉洁、不贪钱财，具有自珍、自重、自律的良好品德之人。

■史海撷英

假途灭虢

春秋初期，晋国传至献公，积极扩军，拓展疆土。晋献公为了夺取崤函要地，决定南下攻虢国（都上阳，今河南陕县境），但虞（今山西平陆县北）与虢的北境相邻，为晋攻虢的必经之途。晋献公担心两国联合抗晋，遂采用大夫荀息各个击破之计，先向虞借道攻虢，再伺机灭虞。周惠王十九年（公元前658年），晋献公派荀息携带美女、骏马等贵重礼品献给虞公，请求借道攻虢。虞公贪利，又被荀息的花言巧语所迷惑，遂不听大臣劝阻，不但应允借道，还自愿做攻虢先锋。

当年夏，晋虞联军攻下虢国重镇下阳（今山西平陆境），使晋控制了虢虞之间的要道。二十二年，晋又故技重施向虞借道。宫之奇用"辅车相依，唇亡齿寒"的道理，说明虢、虞地理相连，利害攸关，虢亡虞必亡，劝虞公绝不能答应借道。但虞公认为，晋、虞是同宗，不会相欺，拒不听劝。十月十七日，晋军围攻虢都上阳。十二月初一破城灭虢。后晋班师暂住虢国休整。晋军乘虞不备，发动突然袭击，俘虞公，灭其国。虢、虞亡国的惨痛教训，使后世加强了弱国联合抗击强国的思想。

这次战争的规模虽然不大，却揭示了军事斗争的一些重要规律，给后世留下重要的启示和教益。

《左传》

《左传》原名为《左氏春秋》，汉代改称《春秋左氏传》，简称《左传》。它起自鲁隐公元年（前722年），迄于鲁悼公十四年（前454年），以《春秋》为本，通过记述春秋时期的具体史实来说明《春秋》的纲目，是儒家重要经典之一。

《左传》与《春秋公羊传》《春秋谷梁传》合称"春秋三传"。《左传》实质上是一部独立撰写的史书。

《左传》对后世的影响首先体现在历史学方面。它不仅发展了《春秋》的编年体，还引录保存了当时流行的一部分应用文，给后世应用写作的发展提供了借鉴。仅据宋人陈骙在《文则》中列举，就有命、誓、盟、祷、谏、让、书、对等八种之多，实际还远不止于此。

子文不徇私枉法

　　子文斗氏，名谷于菟，字子文，是斗伯比之子，生于郧（今京山、安陆一带），春秋时楚国令尹。其母为郧国国君之女，出生后被弃于云梦草泽中，传说由虎喂乳，后由郧君收养。楚成王八年（前664年）子文被任为令尹，执掌楚国军政大权二十七年，其间两次去职又复职，对升降处之泰然；成王十七年，率军灭弦（今河南潢川、光山一带）；三十二年，随国以汉东诸侯叛楚，他率军镇压，稳定了汉东的局势；三十五年，主动辞职，推荐楚将成得臣当令尹。后世为纪念他，曾在安陆建子文庙。

　　子文是春秋时楚国的令尹，他办事公道、执法严明、正直无私。

　　一次，掌管刑狱的廷理逮捕了一名犯人，审讯中，那犯人如实招供，最后又战战兢兢地乞求说："小人作下此孽，实属罪有应得，无论如何处治，我都绝无怨言；只是恳请大人，千万不要将我的事告于令尹知道。"

　　廷理听了，感到很奇怪，大声喝道："大胆！你小小一个囚犯，也敢提及令尹大人？"

"大人容禀，因为令尹大人和小人是族亲，他平时素来对我们就管得很严，这会儿要是听说小人犯罪，岂不是要动怒吗？倘若气坏了身子，小人我怎么担待得起，所以……"

"此话当真？"廷理对那犯人的话有些将信将疑。

"没有半句假话。"那犯人说。

听到这儿，廷理心想：此人既是令尹大人的族亲，我如何惹得起他？倒不如送个人情了事。想到这里，便对那人说："这次看在令尹大人的面子上，且饶了你，以后你倘若再敢造次，那可就难办啦！"说着，便打开刑具把他放了。

那人连忙叩头谢恩，随后，连滚带爬地出了府衙。

不久，子文知道了这件事，立即派人把廷理招来。廷理满以为子文会好好地谢他，便喜滋滋地来了。

子文见廷理来了，瞥了他一眼，问道："听说我的一个族人的案子是你审理的？"廷理连忙答道："是的，大人。不过，我已将他放了。"

"你不是将他逮捕了吗，怎么又放了呢？"子文故作不解地问。

廷理表现出一副十分内疚的样子，毕恭毕敬地回答子文说："原先下官不知道他和您的关系，所以多有冒犯，请大人海涵。"

子文听到这儿，十分生气地责备道："你真糊涂啊！国家设置廷理这个职位，就是为处治违法犯罪者。一个正直的廷理就应当秉公办案，执法如山；可你却违背法律，屈服于权势，无端地宽容了犯罪之徒，这是天理难容的事啊！"接着又说："那个人明明犯了法，就因为我的关系，就放了他，这不等于是在告诉天下的老百姓，我子文是一个徇私枉法的人吗？"

子文义正词严的一番话，说得廷理哑口无言。随后，子文又立即派人把那个犯法的族人抓来，亲自交给了廷理。廷理依法处治了他。

这件事，很快在楚国的老百姓中传开了，大家都夸赞子文办事无私，执法公平。

■故事感悟

子文对自己严格要求，公正执法，不徇私枉法，让人敬佩。

■史海撷英

三仕三已

子文曾三次辞去令尹的职务，家里连用来生活一天的积蓄都没有，这是子文体恤百姓的缘故。成王听说子文几乎吃了上顿就没有下顿，因此每逢朝见时就预备一束干肉、一筐干粮，用来送给子文。以后就成为国君对待令尹的常例。成王每当增加子文的俸禄时，子文一定要逃避，直到成王停止给他增禄，他才返回朝廷任职。有人对子文说："人活着就是求个富贵，但你却逃避它，为什么呢？"他回答说："当政的人是庇护百姓的，百姓的财物空了，而我却得到了富贵，这是使百姓劳苦来增加我自己的财富，那么我离死亡也就不远了。我是在逃避死亡，不是在逃避富贵。"所以楚庄王在位的时候，灭了若敖氏家族，只有子文的后代存活了下来。

■文苑拾萃

春秋五霸

从公元前770年到前476年，历史上称为春秋时期。在这290多年间，社会风雷激荡，可以说是烽烟四起，战火连天。仅据鲁史《春秋》记载的军事行动就有 480 余次。司马迁说：春秋之中，"弑君三十六，亡国五十二，诸侯奔走不得保其社稷者，不可胜数"。相传春秋初期诸侯列国140 多个，经过连年兼并，到后来只剩较大的几个。这些大国之间还互相攻伐，争夺霸权。春秋时期，周天子失去了往日的权威，天子反而依附于强大的诸侯。一些强大的诸侯国为了争夺霸权，互相征战，争做霸主，先后称霸的五个诸侯就被称为"春秋五霸"。

孙叔敖恪守节操

孙叔敖（约公元前630—前593），蔿氏，名敖，字孙叔，春秋时期楚国期思（今河南固始）人，楚国名臣。孙叔敖在海子湖边被楚庄王举用，公元前601年，出任楚国令尹（楚相），辅佐楚庄王施教导民，宽刑缓政，发展经济，政绩斐然。孙叔敖主持兴修了芍陂（今安丰塘），改善了农业生产条件，增强了国力。司马迁《史记·循吏列传》列其为第一人。

孙叔敖，春秋时期楚国人。他出生在一个小官吏家庭，从小聪明伶俐，心地善良，常常帮助别人做好事。由于他博学多才，品德高尚，被楚庄王任命为楚国的令尹。

据说，孙叔敖当了令尹后，四方的吏民纷纷登门祝贺。一天，来了位老者，白头发、白胡子、白帽子、白衣服，仿佛给人吊丧一般。众人都认为这是个老疯子，主张把他轰走。"不能如此，不能如此。"孙叔敖劝阻大家，又对众人说，"他既然如此怪异，其中必有缘故。今天不管是谁，来到府上都是客人。"说完，他整好衣冠，把老人请到了厅内，恭敬地向老人施了一礼，诚恳地向老者问道："请问老者，人尽来贺，您独来吊，难道有什么话要教导我吗？"

只见那位老者一板一眼地说："我有三言，请君切记：身处富贵而傲慢无礼教训他人者，人们就会唾弃他；职位很高而独断擅权、玩弄权术者，国君就会厌恶他；享受的俸禄已经很多，仍贪心不足者，众人就会躲避他。"

孙叔敖听了这番话，赶忙给老者作揖行礼，请他多加教诲。

老者接着说："身贵而不骄民，位高而不擅权，禄厚而不苟取。你若能坚守这三条为官的原则，就可以治理好楚国了。"说完，他便飘然而去。

孙叔敖听完老者的话，心里敬佩不已。他上任后，帮助楚庄王改革制度，整顿吏治，训练军队；又组织民众拓荒种地，开挖河渠，努力发展生产。楚国很快富强起来了。《史记》上记述了当时楚国的繁荣景象："上下结合，世俗盛美，政缓禁止，吏无奸邪，盗贼不起，民乐其生。"楚庄王因得到这样一个好令尹，心里也痛快得很。但是没过多久，孙叔敖就在繁忙的政务中积劳成疾，一病不起。楚庄王征集了楚国最有名的医生为他医治，也未能见效。

孙叔敖临终前，把儿子孙安叫到床前，嘱咐说："我知道你没有治理国家的才能。我死后，你千万不要做官，还是回老家务农去吧！如果大王一定要封给你土地的话，千万不要争好地方，把那块没人要的寝丘要来就可以了。我已写好了给大王的奏章，我死后，你把它递上去。"

孙叔敖去世后，他儿子孙安遵嘱把奏章呈送给楚庄王。楚庄王一看，上面除了有关内政、外交、经济、年事和爱护百姓、奖励耕织的许多建议外，还写了这样一段话："靠了大王的信任，我这样一个普通的乡下人居然做了楚国的令尹。尽管我十分努力办事，也报答不了大王的恩宠。现在，我要离大王和楚国而去了。我只有一个儿子，但他没有治理国家的才能。我恳求大王不要留他在身边做官，让他回到家乡去生活，这就是对他很好的照顾了。"

楚庄王一边看着奏章，一边流泪。看完奏章，他痛心疾首，冲着天上喊："苍天啊！你为什么要夺走我的股肱之臣！"他要孙安留在身边当大夫。孙安坚持说要照父亲的嘱咐，回家乡去。楚王一再挽留不成，只好答应了。但是，也许是楚王觉得孙叔敖做了多年令尹，家里生活不会有问题；也许是由于他过分悲痛，把孙安今后如何生活的事忘了，他答应了孙安的请求后，再也没有提起过如何安排孙叔敖家人今后的生活。

孙安回到家乡后，生活艰难，只得靠打柴为生。许多年后，还是靠着孙叔敖生前的好友优孟用了让孙叔敖"复生"之计，才得以使楚庄王了解了孙安的困境。后来楚庄王要请孙安在宫中做官，孙安仍表示要坚持遵照父亲的意思不愿做官。楚庄王说："不做官，就封你一座城吧！"孙安无论如何也不要。楚王只好说："你什么都不要，我心里如何过得去呢？天下人也要骂我的。"孙安听了说："如果这样，就请大王把寝丘那块地封给我吧！"楚王说："寝丘是块没人要的废地呀！"孙安说："这不是我想出来的。父亲临终前就是这样交代的，我怎么好自作主张更改呢？"

最后，楚庄王叹息了一阵，只好答应了孙安的要求，把寝丘封给了他。

■故事感悟

无论贫贱与富贵，恪守自己的节操、坚持自己的信仰，才会让世人敬仰。

■史海撷英

城濮之战

公元前632年，为争夺中原霸权，晋军谋略制胜，在城濮（今山东鄄城西南）大败楚军，开"兵者诡道也"先河的一次作战。四月，晋、楚两军为争夺中原地区霸权，在城濮交战。楚军居于优势，晋军处于劣势。晋国下军副将胥臣奉命迎战楚国联军的右军，即陈、蔡两国的军队。陈、蔡军队的战马多，来势凶猛。胥臣为了战胜敌人，造成自己强大的假象，以树上开花之计，用虎皮蒙马吓唬敌人。进攻时，晋军下军一匹匹蒙着虎皮的战马冲向敌阵，陈、蔡军队的战马和士卒以为是真老虎冲过来了，吓得纷纷后退。胥臣乘胜追击，打败了陈、蔡军队。

■文苑拾萃

芍陂

中国古代淮河流域水利工程，又称安丰塘，位于今安徽寿县南。芍陂引淠入白芍亭东成湖，东汉至唐可灌田万顷。隋唐时属安丰县境，后萎废。1949年后经过整治，现蓄水约7300万立方米，灌溉面积4.2万公顷。

芍陂由春秋时楚相孙叔敖主持修建，与都江堰、漳河渠、郑国渠并称为我国古代四大水利工程。

司马迁以玉试妻

司马迁（公元前145—前87），字子长，西汉夏阳（今陕西韩城，一说山西河津）人，我国西汉伟大的史学家、思想家、文学家，著有《史记》，又称《太史公记》。《史记》记载了上自中国上古传说中的黄帝时代，下至汉武帝太初四年（公元前101年），共3000多年的历史。

司马迁是我国伟大的史学家、文学家和思想家，汉武帝时司马迁在朝中任太史令。

一日，司马迁正在书居中翻阅史书，忽然家仆来报，说门外有客人求见。他急忙放下手中的书，示意有请。不一会儿，一位家仆打扮的人走进屋来，只见那人从怀中取出一封信和一个精致的小盒子递给司马迁。他打开信一看，原来是大将军李广利写来的。

这时，司马迁的夫人和女儿妹娟走了进来。妹娟好奇地打开那个小盒子，只见里面放着一块晶莹剔透、光彩夺目的玉璧，不禁脱口赞道："美哉！这真是稀世之宝啊！"

司马迁闻声，也不由自主地接过玉璧，翻来覆去地玩赏着，口里也赞叹道："是啊，如此圆润，这般光洁，真可谓白璧无瑕啊！"

站在一旁的夫人见此情景，开口问道："莫非大人想要收下此玉？"

司马迁笑笑说："便是收下又能怎样？而今送礼受贿已成风气，朝廷内外、举国上下，两袖清风者又有几个？"

夫人听罢，愤然作色地说："送礼受贿，投机钻营，历来为小人所为，大人对此一贯深恶痛绝，今日不知为何自食其言。不错，收下此礼也许不会有人追究，但只怕是要玷辱了大人的人格！"

司马迁一听，"扑哧"一笑，说："夫人所言正是。我只是故意考一考你，谁知你竟当起真了。"

接着，他又转过身来，语重心长地对女儿说："此玉之所以美，就是因为它没有斑点、污痕，人也如此。我是一个平庸之辈，从不敢以白璧来比喻自己，但如果收下这份礼物，心灵上就会沾染上污痕。"

说着，司马迁把玉璧装回盒中，交给那个家仆，随即又挥笔给李广利写了一封回信，表达了他的谢绝之意。

故事感悟

司马迁之所以一生清正廉洁、刚正不阿，握紧如椽大笔写出流芳百世的《史记》，缘于身后站着一位相依为命、甘于清贫、共赴患难的"廉内助"。

史海撷英

李陵事件

公元前99年，正当司马迁全心投入撰写《史记》时，遇上了飞来横祸，这就是李陵事件。那年夏天，汉武帝派宠妃李夫人的哥哥李广利率领士兵讨伐匈奴。在对匈奴的作战中，汉武帝任用亲戚李广利来担任总指挥。李陵不甘心让这个不学无术的庸才当总指挥，就请求带5000士兵作战。他正苦恼能不能行时，汉武帝居然答应了，太不可思议了！原来汉武帝是这样想的：看你如何惨败！

李陵如愿以偿了，他经过八个昼夜昏天黑地的战斗，杀死了10000多名匈奴人。但是，李广利和他因为汉武帝的原因，本来就有些不和。这一次李陵得不到他的后援，不幸被俘虏了。

李陵打了败仗的消息传到长安后，汉武帝本希望他能在这次战争中死亡，但听说他投降匈奴，十分愤怒。满朝的文武官员前几天还称赞着李陵的英勇，今天却因为怕小命不保而纷纷顺着汉武帝的意指责李陵。汉武帝发现司马迁沉默不语，便询问他对这件事的看法。司马迁一边安慰汉武帝，一边尽全力为李陵辩护。他认为李陵平时很孝顺他的母亲，对朋友也很讲信义，对别人也很谦虚礼让，对士兵也很有恩信，国家的大事常常奋不顾身地去努力把它做到最好。他说："李陵只率领5000步兵，就能杀死10000多敌兵，在走投无路的情况下还奋勇杀敌。他投靠了匈奴，一定是想日后寻找适当的机会报答陛下。"

他的直言激怒了汉武帝，他认为司马迁是在贬低他夫人的哥哥李广利，所以下令将司马迁打入大牢。不久，又有传闻说李陵带匈奴兵来打汉族，昏庸的汉武帝信以为真，便草率地处死了李陵的母亲、妻子和儿子。司马迁也因替李陵辩护而被判处宫刑。但司马迁想到还没有完成《史记》，才忍辱负重地活下来。

在这种情况下，司马迁留下了流传至今的著名的一句话："人固有一死，有的重于泰山，有的轻于鸿毛！"就这样，司马迁发愤写作，用了整整13年的时间，完成了辉煌的《史记》。这部前无古人的巨著，几乎耗尽了他毕生的心血。

纪传体

纪传体是东亚史书的一种形式，是以本纪、列传人物为纲，时间为纬，反映历史事件的一种史书编纂体例。纪传体史书的突出特点是以大量人物传记为中心内容，是记言、记事的进一步结合。

从体裁的形式上看，纪传体是本纪、世家、列传、书志、史表和史论的综合。本纪，基本上是编年体，兼述帝王本人事迹；世家，主要是记载诸侯和贵族的历史；列传，是各方面代表人物的传记；书志，是关于典章制度和有关自然、社会各方面的历史；表，有世表、年表、月表，世系表、人表等多种名称，是用来表示错综复杂的社会情况和无法一一写入列传的众多人物。优秀的纪传体史书把这些体裁配合起来，在一部史书里形成一个相辅相成的整体。它既有多种体裁的混合，又有自己特殊的风格。

李惇为官直言敢谏

李隆基（685—762），712年至756年在位，唐睿宗李旦第三子，母窦德妃，庙号"玄宗"，谥"至道大圣大明孝皇帝"，故亦称为"唐明皇"，另有尊号"开元圣文神武皇帝"。李隆基在位期间开创了唐朝的鼎盛时期，史称"开元盛世"。玄宗在位后期爆发安史之乱，从此唐朝国势走向衰落。

唐玄宗时，有一名叫作李惇的官员，他自幼聪明，满腹经纶，深知大节，公正为民，有古人之风。

李惇曾在淄青节度使王衡手下做判官。他担任判官后，忠于职守，直言敢谏。

王衡的弟弟也住在淄青，时常干预政务。为此，李惇多次向王衡提意见。

王衡说："我们兄弟二人从小无父无母，相依为命，实在不忍心见他不得意啊！"

李惇说："将军既然怜爱弟弟，就该教导他按情理办事，哪能骄纵他呢？"王衡不肯听劝。

王衡很迷信，家里常做法事，祈福祷寿，车马进进出出，官民深感不便，认为是一大弊端。李惇又就此事进谏，王衡仍不肯听。

有一天，王衡当着一些客人，有事请教李惇，李惇说："我前后提过好多建议了，将军都不肯听，现在又何必问我呢？"当着众人的面，王衡下不来台，勃然变色道："李十五，你就是好诽谤人。"

李惇在家族中排行十五，因此王衡喊他李十五，显然不是昵称，而是蔑称。

李惇见王衡说他好诽谤人，便说："将军把忠言说成诽谤，我在这住下去还有什么用呢？请让我这就走吧。"说罢，拜了两拜，快步走出大帐，登车而去。

王衡怒不可遏，但又不便追回，只得作罢。

■故事感悟

清者自清，廉者自廉。在公理面前，李惇是刚直无畏的，他纵使不能要求别人严于律己，自己却能够做到清廉，这种精神是值得我们效仿的。

■史海撷英

唐玄宗的兵制改革

为了重新统一北方，唐玄宗采取了很多措施，为收复北方领土做准备。这主要是对于兵制进行了改革。原来的府兵制由于均田制的破坏，致使农民逃亡，影响了军队的兵源。高宗和武则天时期，对于军事不太重视，到唐玄宗做了皇帝时，士兵逃跑现象极为严重，军队战斗力也很低，无法和强悍的突厥军队抗衡。

723年，即开元十一年，唐玄宗接受了宰相张说的改革主张，建立雇佣兵。从关内招募到军士12万人，充当卫士，这就是"长从宿卫"，也叫作"长征健儿"，这次改革是从府兵制到雇佣兵制的转变。此后经过十多年的努力，玄宗将这种制度推广到了全国。这种制度使原来的府兵轮番到边境守卫的做法取消，解除了各地人到边境守卫之苦。同时，这种雇佣兵还为集中训练、提高战斗力提供了保证。

"悬鱼太守"羊续

羊续（142—189），东汉太山平阳（今山东新泰东南）人，字兴祖。其父在桓帝时曾任太常。羊续以忠臣子孙拜郎中，后去官，辟为大将军窦武官署。窦武败后，羊续因党锢之祸被禁锢十年；党禁解，辟大尉府，四迁为庐江太守；后又任南阳太守，征入为太常。羊续施政清平，深受官民爱戴，为官清廉俭朴，府中资藏仅布衾、盐、麦数斛而已。羊续卒于太常任上，年仅48岁。

羊续，东汉末年在光武帝老家南阳郡任太守。

南阳这个地方比较富裕，俗称鱼米之乡。由此，社会风气比较奢华，郡县官吏衙役间彼此请客送礼、拉关系和托请办事之风盛行。而羊续素来为人正直、清正廉洁，对此种风气十分厌恶。到任后，他决心扭转这种风气。

就在他到任不久，一位府丞提了一条又大又鲜的鲤鱼，兴冲冲地去看望他。

羊续见他提着一条大鱼来见他，不解地问："你这是什么意思，莫非是来给本官送礼？"

府丞解释说："这不是送礼。只因南阳白河鲤鱼出名，这是我自己在空暇时从河里捞到的，出于同僚之情，请您尝尝鲜，增加些对南阳的感情。"

羊续听了他的话，深知其话中有话，不动声色地表示说："同僚的友好情意我心领了，但这鱼是不能收的。"

府丞三番五次地争辩，无论如何也要羊续收下，末了还说："若是太守不肯收下，就是不愿与我等共事了。"

羊续无奈，只得答应把鱼留下了。

府丞在回家的路上觉得很得意，心想：都说羊续铁面无私，不收受别人的礼物，今天不也收下了吗？哪知，待府丞走后，羊续马上叫家人用一条麻绳把鱼拴好，悬挂在自家的房檐下。

过了几天，这位府丞又来了。这次，他带了一条比上次那条更大、更鲜的鲤鱼。羊续见了，很不高兴，沉着脸很严肃地对府丞说："在南阳，除了太守，就属你的职位高了。你怎么带头给我送礼呢？"

府丞仍以上次的经验，不以为然地摇了摇头，接着还想再说点什么。

这时，羊续叫人从房檐下取回上次那条鱼，送给府丞说："这是你上次送来的那条鱼，现在有两个办法：一是请你把这两条鱼一块儿拿回去；二是如果你坚持不拿回去，我就只好把两条鱼都挂在我的房檐下，并告诉大家这是你给我送来的礼。"

府丞听了这番话，脸一下子红了，只好带着两条鱼，悻悻地离去了。

这事传出后，南阳再也没人敢给太守送礼了。百姓们都非常高兴，称赞这位新来的太守真是廉洁。大家还风趣地给羊续取了个雅号，称他是"悬鱼太守"。

□故事感悟

律己，从小事做起。贿赂不分大小，都将在每个人的生命中增添污点。

□史海撷英

董卓之乱

东汉末年，地方军阀董卓奉调入朝后实行暴政。中平六年（189年）汉灵帝死，汉少帝刘辩继位，外戚何进辅政。何进与贵族官僚袁绍合谋诛杀宦官，不顾朝臣反对私召凉州军阀董卓入京。后因谋泄，何进被宦官张让等所杀。袁绍带兵入官，杀尽宦官，控制朝廷。随后董卓率军进入洛阳，并领何进所属部曲，又使吕布杀执金吾丁原，并吞其众，自己还诛杀大臣。由此势力大盛，得以据兵擅政。他废黜少帝，立陈留王刘协为汉献帝，并自任太尉领前将军事，更封为郿侯，进位相国。又逼走袁绍等人，独揽军政大权。初平元年（190年），袁绍联合关东各州郡兴兵声讨董卓。董卓见关东联军势盛，乃挟持献帝退往长安，临行把洛阳的金珠宝器、文物图书强行劫走，焚烧宫庙、官府和居家，并胁迫洛阳几百万居民一起西行，致使洛阳周围"二百里内无复孑遗"（《后汉书·董卓传》），室屋荡尽。次年，董卓又授意朝廷封他为太师，地位在诸侯王之上，车服仪饰拟于天子。他还拔擢亲信，广树党羽，宗族内外，并居列位，子孙年虽幼小，男皆封侯，女为邑君。又筑坞于郿（今陕西眉县东渭水北），号"万岁坞"，积谷可供30年。初平三年（192年）四月，司徒王允与董卓部将吕布合谋，终于刺杀董卓。百姓歌舞于道，"市酒肉相庆"。董卓部将李傕、郭汜听从贾诩的建议率兵攻入长安，赶走吕布，杀死王允，大肆报复，吏民死者万余人。随后李傕劫持献帝，郭汜扣留公卿大臣。不久，李傕为曹操所杀，郭汜也为其部将所杀。经过这场动乱，关中地区二三年"无复人迹"，社会生产遭到严重摧残。

杨震倡廉拒贿

杨震（59—124），字伯起，东汉弘农华阴（今陕西华阴市）人，西汉赤泉侯杨喜的八世孙，东汉靖节先生杨宝之子。杨震少时因父早逝，自幼与母相依为命，虽家境困苦，却勤业好学，世人赞其"时经博览，无不穷究"，誉之为"关西孔子"。他潜心学术，传道授业20余载，因其学识渊博，德高望重，故从学者如市。直到50岁时，杨震才走上仕途，历任荆州刺史、涿郡太守、司徒、太尉（司徒、司空、太尉并称"三公"，主掌全国军政）等职，一生忧国忧民、清正廉洁，从不接受别人的馈赠，后遭佞臣诬陷被罢官，自杀身亡。

杨震，字伯起，东汉弘农华阴人。他少年时代就聪颖好学，博览群书，被当时的读书人称为"关西的孔夫子"。

杨震多年客居于湖县，一边读书一边在双泉学馆讲学。州郡的官员久闻他的德才，曾多次聘他出来做官，都被他谢绝了。直到50岁那年，杨震才开始在州郡做官。大将军邓骘听说他贤明，特地举荐了他。杨震通过秀才科目的选拔，先后四次提升官职，先后当过荆州刺史、东莱太守。

　　杨震官居荆州时，发现王密才华出众，便向朝廷举荐他当了昌邑县令。后来杨震升任东莱太守，赴任途中路过昌邑。王密听说立即亲赴郊外迎接恩师，安顿食宿，照应得无微不至。

　　晚上，王密独自前往杨震下榻的寓所。王密见室中无人，便从怀中取出十斤黄金对杨震说："承蒙恩师举荐，学生才有今日，今天特备小礼，以报恩师栽培之恩！"

　　"不可，不可！"杨震见状，连连摆手拒绝，并说："我推荐你，是看中了你的才华，并无半点私情。"

　　"我只是想报答大人的恩情，别无他意。"王密满脸堆笑地说。

　　杨震有些不高兴，说："我推荐你，是因为我了解你，而你为什么不了解我的为人呢？"

　　王密虽遭拒绝，但仍然力争地说："现在夜深人静，这事无人知道，请您放心收下吧！"

　　杨震听罢，脸色顿时沉了下来，声色俱厉地说："你送金与我，人怎么会不知道？即使没人知道，也有天知地知、你知我知！认为无人知道，就宽容自己，这是很要不得的。"几句话说得王密羞愧满面，只好把黄金收了起来。

■故事感悟

　　拒贿倡廉、洁身自好、公正无私，是杨震做人的原则。

■史海撷英

唯才是举

　　汉安帝元初四年（117年），杨震被调入朝廷担任太仆之职，后来升调为太常。杨震在任太常之前，博士选举大多名不副实。杨震任太常后，唯才是举，他所选用的陈留、杨伦等，都是通晓经书、学识过人的名士，能将所从事的本门学业发扬光大，儒生们对此称赞不已。延光二年（123年），杨震代替刘恺为太尉，汉安帝的舅父、官居大鸿胪（九卿之一，分管礼仪）的耿宝向杨震推荐中常侍（传达皇帝诏令和掌管文书的官员）李闰的哥哥，想让其入朝做官，杨震坚决予以拒绝。于是耿宝就亲自到杨震住处拜访，并威胁说："李常侍是皇上所重用的人，想让你征召他的哥哥入朝做官，我耿宝仅仅是给你传达一下皇上的意思而已。"杨震义正词严地说："如果朝廷想让'三公'之府征召谁，就应该由尚书那里把皇帝的敕书送来，怎么能让你来传达皇上的意思呢？"耿宝无言以对，愤恨而去。皇后的哥哥官居执金吾（督巡三辅治安）的阎显也利用职权向杨震推荐自己的亲友入朝做官，杨震同样予以拒绝。而掌管工程建设的司空刘授听到这个消息后，当即征召此二人入朝做官，并且在很短时间内予以提升。两相对比，可见杨震为官是何等地光明磊落，无私无畏。但杨震却因此招致阎显等人的怨恨。

第五篇

心底无私天地宽

甄宇礼让牵瘦羊

甄宇（生卒年不详），字长文，汉代北海安丘（今安丘西南）人。初以《春秋》教授学生。东汉初年，拜为博士，又迁太子少傅，卒于官。

东汉年间有个叫甄宇的人，祖居安丘县，在京城洛阳的太学里担任教学博士。

甄宇为人憨厚，谦恭礼让，受到人们的称赞和尊敬。

一年年底，皇帝派人来到太学，向大家宣读诏书。诏书的内容大意是：你们大家都很辛苦，现在赐给博士们每人一只羊，带回家去，欢欢乐乐地过一个年吧！接着就赶来了一群羊。

博士们见到羊，个个都非常高兴。可是，羊只大小不等，肥瘦也不一样，这下可使太学的长官犯愁了：用什么办法来分发这些羊呢？想来想去，也不知如何是好。于是，他把博士们都召集起来，让大家一起商量。

博士们看到这种情形，便纷纷想办法、出主意。有人主张把羊统统杀掉，把肉平均搭配每人一份；有人主张用投钩的办法，即抓阄的方法，把大小肥瘦的羊编上号，就凭个人运气来撞。大家七嘴八舌，嚷嚷了半天，也没有人拿出一个好办法。

这时，站在一边没吱声的甄宇忽然向大家说："大家不必争吵了，我看还是大家各牵走一头吧，我先牵一头去。"说着，他走向了羊群。

听他这么一说，大家都用好奇而又怀疑的目光注视着甄宇。只见甄宇走到羊群中，挑了一只最小、最瘦的羊牵了出来。人们看到这种情形，谁也不再争执了，纷纷你谦我让，争着挑小的、瘦的，各自牵上一只羊，高高兴兴地回家了。

这件事很快传开了，大家纷纷赞扬甄宇，还给他取了个带有善意的别号，叫他"瘦羊博士"。

■故事感悟

礼让他人，吃亏是福。自己做出了表率，别人便会效仿，社会也会变得和谐稳定了。

■史海撷英

王莽改制

王莽改制是新朝皇帝王莽为缓和西汉末年日益加剧的社会矛盾而采取的一系列新的措施，包括土地改革、币制改革、商业改革和官名县名改革。但王莽的改制不仅未能挽救西汉末年的社会危机，反而使各种矛盾进一步激化，终于导致了赤眉绿林为主的农民大起义，新朝遂告灭亡。

■文苑拾萃

《说文解字》

《说文解字》是东汉许慎所作的中国最早的一部解释字形的字典。根据文字的形体，创立了 540 个部首，将 9353 字分别归入 540 部。540 部又据形系联归并为 14 大类。字典正文就按这 14 大类分为 14 篇，卷末叙目另为一篇，全书共有 15 篇。《说文解字》共 15 卷，其中包括序目一卷。许慎在《说文解字》中系统地阐述了汉字的造字规律——六书。

《说文解字》的体例是先列出小篆，如果古文和籀文不同，则在后面列出。然后解释这个字的本义，再解释字形与字义或字音之间的关系。《说文解字》中的部首排列是按照形体相似或者意义相近的原则排列的。

《说文解字》开创了部首检字的先河，后世的字典大多采用这个方式。段玉裁称这部书"此前古未有之书，许君之所独创"。

历代学者对《说文解字》都有许多研究，清朝时研究最为兴盛。段玉裁的《说文解字注》、朱骏声的《说文通训定声》、桂馥的《说文解字义证》、王筠的《说文释例》《说文句读》尤备推崇，四人也被尊称为"说文四大家"。

《说文解字》在造字法上提出了"象形""指事""会意""形声""转注""假借"的谓"六书"学说，并在《说文解字·叙》里对"六书"做了全面、权威性的解释。从此，"六书"便发展成为专门之学。

詹天佑不要汽车买马车

詹天佑（1861—1919），字眷诚，号达朝，广东南海人，居住在湖南省，原籍徽州婺源（今属江西）。他是中国首位杰出的爱国铁路工程师，负责修建了京张铁路（北京—张家口）等铁路工程，有"中国铁路之父""中国近代工程之父"之称。

詹天佑一心想着发展中国的铁路事业，从不考虑个人的享受。他还常教育青年要克己奉公、诚恳待人，不可沽名钓誉。

1914年，詹天佑被提升为粤汉铁路督办。按他的官职，也考虑到他工作的需要，政府准备给他购买一辆汽车。可他为了节约工程经费，以便把钱用到铁路建设上去，坚决不同意为他买汽车，而是用自己的钱买了一辆马车。此后他每天坐着马车沿着铁路线风尘仆仆地往来奔走。

有人说："督办坐马车，太不气派了！"

詹天佑却笑着说："什么气派不气派！要气派，我连马车也不坐了，干脆买一辆自行车骑骑，又方便又自由，又锻炼身体！"

詹天佑有五个儿子，都是学铁路工程的。他的二儿子文琼从美国耶鲁大学留学回国后，立即参加了修建奥汉铁路的工作。主管人员按照规定，将文琮的月薪定为100元，可是詹天佑不同意，只许定70元。大家觉得这样很不公平。詹天佑向大家解释说："就算不公平吧，这也不是让文琮多拿钱的不公平。我自己的儿子宁可少拿一点，这样，我说话办事才能让人家信服！"

有一次，詹天佑听说自己一个在铁路上做事的侄儿占用了公款，非常生气。可偏偏又有人看在他的面子上，想把事情压下来，詹天佑更加怒不可遏，立刻派人拿着自己的名片去找主办的官员，一定要公事公办，不许徇私枉法。结果，这个侄儿被关押了几个月，直到把亏空的公款全部还上，才被释放。

■故事感悟

詹天佑不但以身作则，还对自己的家人严格要求，在他身上我们看到了律己律人的优良品质。

■史海撷英

京张铁路

1905年，清政府决定兴建我国第一条铁路京张铁路（北京—张家口）。詹天佑担任总办兼总工程师，全权负责京张铁路的修筑。在当时，这条铁路连许多国外著名的工程师都不敢轻易尝试，更何况中国人。詹天佑顶着压力，坚持不任用一个外国工程师，对全线工程提出了"花钱少，质量好，完工快"三项要求。京张铁路经过工人们几年奋斗，终于在1909年10月全线通车。原计划6年完成，结果只用了4年就提前完工，工程费用也只及外国人估价的1/5。

八达岭隧道

八达岭隧道是中国自行修建的第一条单线越岭铁路隧道。位于北京市延庆县，京包铁路北京至张家口段（原京张铁路）的青龙桥车站附近。1907—1908年，八达岭隧道由土木工程师詹天佑亲自规划督造。隧道从长城之下穿越燕山山脉八达岭，进口端隧道外线路坡度为32.3‰，隧道内线路最大坡度为21.5‰。隧道穿过的岩层主要是较坚硬的片麻岩，另外还有部分角闪岩、页岩和砂岩等，风化呈破碎和泥质状态。为增加工作面，在隧道中部开凿了一座深约25米的竖井，井上建有通风楼，供行车时排烟和通风用。隧道衬砌的拱圈采用预制混凝土砖砌筑，边墙用混凝土就地灌注，隧道底部用厚约100毫米的石灰三合土铺筑。隧道全长1091米。

马祖光甘为人梯不争名

马祖光（1928—2003），1946年至1950年在青岛山东大学物理系学习；1950年9月到哈工大工作，同时在研究生班学习。在学习期间，他被抽调到物理教研室任副主任。1958年8月至1970年，他创办了核物理专业，任主任。1970年，他创办了哈工大光电子技术专业（原激光专业）。1979年8月至1981年11月，他出国访问。他回国后，任光电子教研室主任，同时担任哈工大光电子技术研究所所长。1994年，他创建了国家级重点实验室（可调谐激光技术重点实验室），任主任。1996年，他任哈工大光电子研究所名誉所长。2001年他被评为中国科学院院士。从1982年开始他分别担任《光学学报》编委、《光谱学与光谱分析》常务编委、《量子电子学》编委和黑龙江省光学学会理事长。2003年7月15日，马祖光因病逝世于北京，享年75岁。

马祖光是一位著名科学家，哈尔滨工业大学教授。在激光领域里，马祖光以自己的智慧和勤奋，取得了令人瞩目的成就。在培养年轻科技工作者的过程中，他谦恭礼让、甘为人梯的作风也赢得了人们的尊敬。

　　"文化大革命"中，马祖光因受到极"左"路线的迫害而被关进了"牛棚"。1970年，他刚从"牛棚"被放出来就着手创办学校的激光专业。那时环境还十分艰难，他一面忍受着"造反派"的迫害，一面还承受着病痛的折磨，把能归自己支配的时间全部投入图书馆。凭着精通的英、俄两国语言，他埋头翻阅文献、查抄资料，积累了厚厚的几十本资料。

　　"文化大革命"结束后，我国的科技领域终于迎来了春天。许多教师和研究生纷纷向他请教，有的还索要资料。马祖光心里感到非常高兴，每次都会毫不保留地拿出全部资料，供大家研究参考。大家对他这种和盘端出自己多年积累资料的行动都非常感动。而马祖光却说："那是我的心血，但不是我的私人财富。在科学的道路上需要人梯精神。"

　　当时哈工大激光教研室研究的课题大都是马祖光在原联邦德国工作的继续。室内的教师和研究生都是根据他提出的研究方向选定课题，并在他的定期检查、亲自指导下工作。四年中，他发表近20篇论文。按理说，这些论文都是以他为主取得的成果，因此每篇论文署名时别人总把马祖光排在第一位，但马祖光立即会将自己的名字勾到最后一位。这样改过来、勾过去，反复多次。最后经马祖光把关发稿时，马祖光仍是排在最后。

　　《紫外激光激励钠二聚物的2.50—2.56微米激光》一文，就是根据马祖光的理论首先发现的，属于世界前沿的重大成果。马祖光决定让讲师刘国立到全国激光研究会上去宣读论文。刘国立到会后，接到后寄来的论文稿，才知道马祖光把原先定好的署名顺序改了，刘国立排在了第一位，马祖光仍然在最后。刘国立只得在会上更正。回到哈尔滨，刘国立埋怨马祖光说："你怎么不尊重大家的意见呢？"马祖光笑了笑，十分恳切地说："你们做了大量工作，成果应该是你们的。"

有人不解地问马祖光："你在国外把名看得那么重，在国内却看得这么轻，为什么呢？"

"在国外，我是要争，因为我争的是国名；在国内，我是要让，因为我让的是个人名。"

大家看到马祖光总是把自己积累的资料和研究的成果送给别人时，有人说他是"太软"，有点"傻"。马祖光却风趣地说："楚人失马，楚人得之，都在中国，还不能算失。"渐渐地，大家对马祖光坦荡的心胸及甘当人梯的精神都十分敬佩。

■故事感悟

知识分子为我国的改革开放发展作出了卓著的贡献，像马祖光同志这样甘为人梯、为国家的科技进步铺路搭桥者还大有人在，值得新一代的科学工作者好好学习。

■史海撷英

"863"计划

1986年3月，王大珩、王淦昌、杨嘉墀、陈芳允四位老科学家给中共中央写信，提出要跟上世界先进水平，发展我国高技术的建议。这封信得到了邓小平同志的高度重视，邓小平同志亲自批示：此事宜速决断，不可拖延。经过广泛、全面和极为严格的科学和技术论证后，中共中央、国务院批准了《高技术研究发展计划（"863"计划）纲要》。从此，中国的高技术研究发展进入了一个新阶段。25年来，在党中央和国务院的正确领导下，在有关部门的大力支持下，经过广大科技人员的奋力攻关，"863"计划取得了重大进展，为我国高技术发展、经济建设和国家安全作出了重要贡献。

　　"863"计划是在世界高技术蓬勃发展、国际竞争日趋激烈的关键时期，我国政府组织实施的一项对国家长远发展具有重要战略意义的国家高技术研究发展计划，在我国科技事业发展中占有极其重要的位置，肩负着发展高科技、实现产业化的重要历史使命。根据中共中央《高技术研究发展计划（"863"计划）纲要》精神，"863"计划从世界高技术发展的趋势和中国的需要与实际可能出发，坚持"有限目标,突出重点"的方针，选择了生物技术、航天技术、信息技术、激光技术、自动化技术、能源技术和新材料七个高技术领域作为我国高技术研究发展的重点（1996年增加了海洋技术领域）。其总体目标是：集中少部分精干力量，在所选的高技术领域，瞄准世界前沿，缩小与发达国家的差距，带动相关领域科学技术进步，造就一批新一代高水平技术人才，为未来形成高技术产业准备条件，为20世纪末特别是21世纪初我国经济和社会向更高水平发展和国防安全创造条件。为此，国家每年都要为"863"计划投入千亿元人民币以上的巨资。

■ 文苑拾萃

光之歌

——纪念敬爱的马祖光院士

集体创作

你是光，你的名字就是一片光。
给予事业，给予艰难温暖寒窗。
你是光，你的生命就是一片光，不会熄灭，不会索取，永远善良！
我们怀念你，马祖光。
你的天空有光的赤诚。
我们赞美你，马祖光，你的心底有光的能量。

你的沥血是光的绚丽！

你是光，你的理想就是一片光。

追求探索，追求创新，追求梦想。

你是光，你的执着就是一片光。报效祖国，报效人民，点燃希望。

我们怀念你，马祖光。你的天空有光的赤诚。

我们赞美你，马祖光，你的心底有光的能量。

你的沥血是光的绚丽！

我们怀念你，马祖光。你的天空有光的赤诚。

我们赞美你，马祖光，你的心底有光的能量。

你的火焰像光一样辉煌！

李志军负伤失明自学艺

李志军（1956—至今），北京人，1974年12月应征入伍，1976年9月加入中国共产党。李志军曾任战士、班长、排长等职，中校军衔；现任北京军区政治部第一干休所卫生所副主任医师；2008年11月当选中国残疾人联合会第五届主席团副主席。

李志军，1981年任中国人民解放军某部排长，因在一次排险中负伤，双目失明。但这位年轻的共产党员没有因此而消沉、退缩。他凭着一颗赤诚的心，坚持自学成才，在人生的道路上留下了一串串闪光的足迹。

李志军在负伤失明之后，部队安排他回地方休养。对他来说，本可以心安理得地依靠国家供养生活，然而他却并没这样做，而是凭着坚强的决心和毅力，历尽艰辛，到处拜师学艺，最终在医道上功成名就，掌握了一套为人治病的本领。而这时的李志军，本可以在家坐等患者登门求医，但他又毅然回到部队，带着他的医术，也带着他的理想，重新走上了为人民服务的更广阔的天地。

自1981年负伤后的10余年间，李志军始终遵守着自己制定的"约法三章"：一不要给部队添麻烦，二不要向父母伸手，三不要委屈孩子。

一次，李志军把妻子叫到跟前，一番话道出了自己的心声和胸怀："现在，我原先的部队正在老山前线打仗，我是个军人，却不能拿枪上前线。如果再提这提那，我怎么配穿这身军装！"

"爸爸妈妈生我养我，我又为他们做过什么？知道我负伤失明，爸爸的一只耳朵一下子就聋了，妈妈从此落下了高血压病。要是让他们知道我们老犯愁，他们的晚年能过得安稳吗？"

"还有亮亮。他刚会走，你就教他怎么给我这个爸爸带路。将来，他比别人负担重，我们不能再对不起他！"

"我欠的债太多了——部队的、父母的、你和亮亮的，这辈子努力还吧。"

李志军的话真挚、深沉，李志军的行动更坚定认真。他是因公致残，医疗费本来可以由国家负担。可他一连6次去各地求医，只让报销了一次路费，自己却掏了3300多元。为学成一技之长，买书、买学习用品花了3000多元，他从未向部队提过。他的父母是离休干部，非常关心李志军的生活，愿意帮助他们，可李志军却从不让老人知道自己的难处。

1987年，李志军和几十个盲残战友一起在京华医科大学学习，住的是半地下室，缺少阳光，下水管道还时常堵塞，臭水溢流屋内。有位记者采访时，见此情况非常生气，便拍了照片登在报纸上，说明词的标题是：《共和国请不要忘记他们》。李志军很感谢这位记者的好意，但他对同学们说："共和国没有忘记我们。我们这个班是国家支持办的；我们的学费是国家掏的。要我说，我们也不能忘记共和国。国家这么大，又不富裕，总会有事办得不周全。我们要理解国家，理解社会，理解生活！"后来，又有一篇报道说李志军是自费上学，他一有机会就出来更正。他不允许共和国给予他的爱有一丁点儿被人遗忘！

■故事感悟

为了祖国和人民，李志军身负重伤，而在人生的道路上，虽然他眼睛看不见了，但他的心比什么都明亮。他是人民的好儿子，共和国永远不会忘记他！

■史海撷英

中国残疾人联合会

中国残疾人联合会是由中国各类残疾人代表和残疾人工作者组成的全国性残疾人事业团体，简称中国残联。1988年3月11日在北京正式成立。它是在中国盲人聋哑人协会（1953年成立）和中国残疾人福利基金会（1984年成立）的基础上组建而成的。

中国残联实行全国代表大会制度，设有主席团、执行理事会、评议委员会等机构。代表大会和主席团是中国残联的决策和权力机构；执行理事会是常设执行机构，代表联合会负责日常工作；评议委员会是监督、咨询机构。中国残联分设中国盲人协会、中国聋人协会、中国肢残人协会和中国智残人、精神病残疾人亲友会等残疾人专门协会。省（自治区、直辖市）、市（自治州）、县（区）成立的各级残疾人联合会是中国残联的地方组织，受同级政府领导、民政部门代管、上级残联指导。街道、乡镇及残疾人比较集中的企业、事业单位建立的残疾人基层群众组织，受当地残联的业务指导。

十大杰出青年

"十大杰出青年"评选活动的宗旨是：发现青年人才，树立时代楷模，宣传"杰青"精神。它成功揭示了当代青年的成长成才轨迹，充分展示了杰出青年们在为全民族共同理想努力奋斗的过程中实现个人价值的奋斗历程。"十杰"青年具有鲜明时代特征的丰满形象和艰苦创业、追求卓越的成长经历，极大地激励了广大青少年脚踏实地、锐意创新、立志成才、开拓进取的热忱。

"十大杰出青年"通过表彰、宣传在改革开放和社会主义现代化建设中作出突出业绩和重大贡献的杰出青年典型，为当代青年树立光辉榜样，激励广大青年发愤学习，勤奋工作，艰苦创业，奋发成才，并在全社会进一步优化青年成长成才环境，为培养更多 21 世纪发展和祖国现代化建设需要的青年人才作出积极贡献。